위험한 경매 탈출하기

부동산 경매 함정에 빠져도 나는 손해 안 보기

위험한 경매
탈출하기

우형달 지음

한국경제신문

프롤로그

필자가 전업 부동산 경매 투자자가 된 연유

1997년 말에 발생한 외환위기로 인해 멀쩡하게 잘 다니고 있던 필자의 직장인, 신용금고(오늘날 저축은행)가 망하는 아픔을 경험한 지도 벌써 25년째를 넘어가고 있다.

'금융기관'이 문을 닫을 수 있다는 것을 상상해본 사람은 단 한 사람도 없었던 대한민국 국민들에게 그런 사태가 눈앞에 현실로 나타났을 때의 혼란은 끔찍함 그 자체였다.

그 혼란을 지나 되돌아보니 필자에게 부동산 경매 투자는 어쩌면 운명이었던 것 같다. '어찌하다 보니 어느 사이엔가 경매 투자를 전업으로 하고 있었다'라는 표현이 정확할 것이다. 다시 말해, 처음부터 경매 투자를 하겠다고 작정하고 시작하지는 않았다는 것이다. 필자를 '우연을 가장한 필연적인' 전업 경매 투자자로 이끈 원인이 뭘까? 어렵게 이야기할 것 없다. 다른 어떤 투자보다 높은 수익률이 필자를 경매를 평생 전업 투자로 이끌었다.

《위험한 경매》 시리즈의 완결판

이 책은 필자가 2010년부터 출간하기 시작한, 총 8권으로 구성된 《위험한 경매》 시리즈의 8번째, 즉 완결판에 해당하는 책이나.

필자는 이 책을 마무리하면서 대한민국 경매 투자자들에게 어느 정도는 빚을 갚았다고 자부한다. 필자가 《위험한 경매》 시리즈를 통해 부동산 경매 시장의 위험함을 경고하기 전까지는 대한민국의 모든 경매 책들이 한결같이 "벌었다!" 일색이었다.

그러나 세상 어디에도 그런 투자판은 존재하지 않는다는 것을 처음으로 경고한 책이 필자의 《위험한 경매》 시리즈였다.

이 책은 총 4장으로 구성되어 있다. 1장에서는 경락잔금 납부하지 않고도 입찰보증금을 날리지 않을 방법에 대해서 이야기한다. 입찰보증금 회수 전쟁에서 혁혁한 전과를 올리는 방법을 담았다. 2장에서는 이런저런 경매 함정에 빠졌을 때, 대처 방법에 대해서 이야기한다. 3장에서는 배당 관련한 정보 등 경매를 할 때 기본적으로 반드시 알아두어야 할 내용을 담았다. 4장에서는 배당표가 잘못 작성된 경우나 가장 임차인이 적반하장으로 나오는 경우 등 생각대로 경매가 잘 풀리지 않을 경우에도 손해 보지 않을 방법에 대해 이야기한다.

이 책은 어설프게 알고 쉽게 시작했다가 진퇴양난의 곤란함에 빠진 병아리 독자들이 안타까워 쓰게 되었다. 단 한 명의 피해자라도 줄이겠다는 것이 최종 목표다. 손해 보지 않을 확실한 처방전이 되어줄 것이다.

차례

1장

경락잔금 납부 안 하고도 입찰보증금 안 날리기

다음의 내용으로 구성된 1장은 낙찰받을 때까지는 알지 못했던 경매상 이런저런 하자들을 낙찰받고 나서 잔금 납부 전까지 알게 된 경우, 그 하자를 치유해서 입찰 시 제공했던 입찰보증금을 돌려받는 방법을 살펴보는 것이 목적이다.

즉, 이 장을 관통하는 핵심 콘셉트는 낙찰받은 후 어떤 이유로든 잔금을 납부하기 싫어졌을 때 '입찰보증금을 날리지 않고'와 '추가 부담 없는 깔끔한 명도', 그리고 이사비용 등으로 '추가 비용이 발생했다면 다시 돌려받기'다. 어떤 이유로 응찰을 결심했는지는 묻지 말자. 최고가 매수인이 되었다고 해보자. 쉽게 말해서 어떤 경매 물건을 하나 낙찰받았다. 그런데 낙찰받은 후에 마음이 변해서, 또는 상황이 변해서 나머지 매각대금을 납부하기 싫어졌거나, 납부할 수 없는 상황이 되었다고 해보자.

낙찰자를 비롯한 누구의 잘못인가는 따지지 말자.

진부한 이야기를 이 책에다 다시 쓰겠다는 말이 아니다. 조금만 더 전진해보자. 잘못 낙찰받았다고 판단되는 상황에서 소극적으로 대처하다가는 영락없이 입찰보증금을 날린다. 그동안 입찰보증금을 날린 수많은 사람들과 날아간 입찰 보증금액이 이를 증명하고 있다. 여차하면 여러분도 그 대상자가 될 수 있다.

독자 여러분들의 피(?) 같은 입찰보증금을 날리지 않을 확실한 비책을 이 책을 통해 여러분들에게 이해하기 쉽게 제시하겠다. 우선 일차적으로 잔금 납부를 포기하기로 해서, 날아갈 위기에 처한 입찰보증금을 돌려받는 방법을 보여드리겠다는 것이다.

잔금 납부 안 하고도
입찰보증금 안 날리기

낙찰받은 물건 잔금 납부 안 하고도 입찰보증금 안 날리기

이 장을 관통하는 핵심 콘셉트는 낙찰받은 후 어떤 이유로든 잔금을 납부하기가 싫어졌을 때 '입찰보증금을 날리지 않고'와 '추가 부담 없는 깔끔한 명도', 그리고 이사비용 등으로 '추가 비용이 발생했다면 다시 돌려받기'다. 하지만 정말로 그런 일이 가능할까? 단언컨대 가능하다. 대한민국 경매 책 역사상 이런 내용을 소개하고 있는 책은 여태껏 단 한 권도 없었다. 그러나 필자는 이 책을 통해 여러분께 당당히 보여드리겠다.

어떤 이유로 응찰을 결심했는지는 궁금해하지 말고 우선 최고가 매수인이 되었다고 해보자. 쉽게 말해서, 어떤 경매 물건을 하나 낙찰받았다. 그런데 낙찰받은 후에 마음이 변해서, 또는 상황이 변해서 나머지 매각대금을 납부하기 싫어졌거나, 납부할 수 없는 상황이 되었다고 해보자. 낙찰자를 비롯한 누구의 잘못인가는 따지지 말자. 다만 잔금을 납부하지 않기로 한 책임이 경매 법원에 있는 것은 아니다. 응찰자의 사유로 잔금 납부를 하지 않으면 법원은 입찰보증금으로 제공했던 최저매각가액의 10%를 몰수한다. 그러고는 그 경매 물건을 다시 경매(재매각)시킨다는 말을 귀에 못이 박이도록 들어봤을 것이다.

확실한 처방전은 분명히 있는가

진부한 이야기를 이 책에 다시 쓰겠다는 말이 아니다. 조금만 더 전진해보자. 잘못 낙찰받았다고 판단되는 상황에서 소극적으로 대처하다가는 영락없이 입찰보증금을 날린다. 그동안 입찰보증금을 날린 수많은 사람들과 날아간 입찰보증금액이 이를 증명해주고 있다. 여차하면 여러분도 그 대상자가 될 수 있다. 그때 겪는 고통은 살아 경험하는 생지옥이 따로 없다. 여러분들은 절대 그런 고통을 경험하지 말아야 한다는 것이 필자의 바람이고 주장이다. 그런데 문제는 '그런 고통을 경험하지 않을 구체적인 방법이 있는가'이다. 확실한 처방전이 있는가. 있다면 제시하라는 독자들의 요구는 정당하다. 그럼 대답으로 가보자.

있다~! 확실한 처방전은 분명히 있다!

피(?) 같은 입찰보증금을 날리지 않을 확실한 비책을 필자는 가지고 있다. 이 책을 통해 여러분들에게 분명하고도 확실한 해답을 이해하기 쉽게 제시하겠다. 이것이 바로 이 책의 주된 콘셉트다. 우선 일차적으로 잔금 납부를 포기하기로 결정해, 날아갈 위기에 처한 입찰보증금을 돌려받는 방법을 보여드리겠다는 것이다.

낙찰 후 잘못이 발견되는 것은 대강 다음의 여섯 가지 경우로 나누어볼 수 있다.

① 낙찰 후 매각허가결정일 전에 하자가 발견된 경우
② 매각허가결정 후 잔금 납부 사이에 하자가 발견된 경우
③ 경매 투자의 대표적 하자들로 인해 문제가 발생하는 경우
④ 잔금 납부로 소유권 취득 후 명도 과정에서 애를 먹는 경우
⑤ 상가 등 집합건물을 낙찰받을 때 발생하는 체납관리비 문제
⑥ 배당표가 잘못 작성되어 추가 피해가 발생할 가능성이 있을 때

경매쟁이 목에 박힌 큰 가시 빼내기 범위

이 책에서는 ①, ②, ③, ④, ⑤, ⑥의 순서로 집중적으로 살펴보겠다. 잘못된 응찰로 인해 몰수당할 우려가 생겨버린 입찰보증금의 회수 방법과 소유권 취득 후에 낙찰자를 애먹이는 하자와 명도 문제

와 체납관리비, 그리고 배당표가 잘못되었을 때, 피해를 줄이는 방법에 대해서 집중적으로 살펴보겠다. 《위험한 경매》 시리즈를 통해 필자에게 보여주신 여러분들의 사랑에 대한 보답이다. 이 책을 다 읽고 나면 필자의 큰소리가 빈말이 아니라는 것을 알게 될 것이다. 몰수당할 우려가 생긴 입찰보증금의 회수에 초점을 맞춘 2장의 내용만으로도 필자는 독자 여러분들에게 이 책을 많이 사랑해달라고 당당하게 말할 수 있다. 책값을 제대로 내고 많이 사달라고 요구할 자격이 있다는 말이다.

응찰 당일, 당일최저매각가격의 10%를 입찰보증금으로 제공한 입찰보증금에 관한 이야기다. 그런데 만약 재매각물건이라면 20%를 입찰보증금으로 제공해야 한다.

그렇게 법원에 제공한 '입찰(매각)보증금'이 이런저런 이유(권리분석 실수, 하자 체크 실수, 배당표 잘못 이해, 시세 분석 실수 등)로 지금 막 날개를 달고 훨훨 날아가려는 상황이라고 해보자. 몰수당하지 않게 어떻게든 대책을 세워야 한다. 그런데 그 돈을 제대로 붙잡는 방법이 있는가. 있다면 알고 있는가. 방법은 있으나 그다지 알려지지 않았기에 지금까지는 많은 분들이 속수무책으로 두 눈 뻔히 뜨고 입찰보증금을 몰수당해왔다. 적어도 지금까지는 그랬다. 그러나 지금부터는 그렇지 않을 수 있다. 떠나가려는 매각(입찰)보증금을 지킬 방법부터 보여드리겠다. 그동안 출판된 수많은 경매 관련 책 어디에도 소개된 적이 없었던 방법을 공개한다.

경매 기록 전체를 확보해
절차를 파고들어라

　어떤 이유로든 낙찰받은 물건의 잔금을 납부하지 않기로 했다고 해보자. 시중에 나와 있는 경매 관련된 책들은 '매각불허가신청'이나 '매각허가취소소송'을 하라고 권하고 있다.

　전혀 효과가 없는 것은 아니겠지만, 이런 식의 권유는 구체성이 결여되어 있어 실제 문제가 발생했을 때 도움이 되지 않는다.

　다행스럽게 '매각불허가신청'이나 '매각허가취소소송', 둘 중 하나만 받아들여져도 입찰보증금은 돌려받게 되지만, 그리 녹록지 않은 작업이다. 순서대로 살펴보자. 매각허가결정기일 전이라고 하자. 일단 매각불허가신청을 할 수 있도록 경매 법원에 '경매 기록 열람 및 복사신청'을 해서 기록 전부를 확보하는 것이 중요하면서 시급하다. 확보한 경매 기록을 통해 일곱 가지 사항을 체크해나가면, 원하는 이유나 구실을 찾을 수도 있다.

일단, 경매 기록부터 확보하기

낙찰받고 나면 일단 경매 기록 중 중요 부분부터 확보해야 한다. 물건이 마음에 들지 않는 경우는 물론이고, 그렇지 않은 경우라도 기록을 확보할 필요가 있다. 그런데 매각허가결정일 이전에는 낙찰자는 이해관계인이 아니라고 판단하고, 경매 기록 열람이나 복사신청을 거부하는 경매 법원이 일부 있다고 한다. 이때는 다음과 같은 방법으로 기록을 일단 확보해야 한다.

> **확보 방법**
> ① 응찰일로부터 일주일 전에 해당 법원 민사신청과에 비치해서 일반인들이 열람할 수 있게 한 '매각물건명세서'의 전부를 복사하는 방법
> ② 경매 정보회사가 제공하는 '감정평가서' 등을 다운받는 방법

그러나 가장 확실한 방법은 해당 경매계를 방문해 경매 기록 전체를 복사하는 것이다.

"계장님! 경매 기록을 좀 복사하러 왔는데요."

"사건 번호가 어떻게 되시죠?"

"2020○-1235번입니다."

"그 사건하고는 어떻게 관계되는 분이세요?"

"낙찰자(최고가매수인)입니다."

"신분증 줘보세요."

"네, 여기 있습니다."

"그런데 성미가 급하시네요."

"무슨 말씀이세요?"

"어제 낙찰을 받았는데, 오늘 기록을 복사하시겠다니 하는 말입니다."

"혹시라도 이의신청을 해야 할 일이라도 생기면 그때는 시간이 모자라서 그렇습니다."

"그건 맞는 말씀이네요. 매각허부결정기일까지 시간적인 여유가 일주일밖에 없으니 서두르시는 것도 무리가 아닙니다."

"그렇게 이해해주시니까 감사합니다."

"본인 맞네요. 경매 기록 열람, 복사신청은 입구에 있는 접수계로 가서 신청하시면 됩니다."

"네!"

"열람신청서를 쓰시고, 500원짜리 증지 하나 붙이셔서 접수계에서 날인받은 후에 이리로 다시 오세요."

"알겠습니다. 그런데 복사는 어디서 하나요?"

"저 앞에 있는 복사기에서 하면 되는데, 많이 하려면 따로 유료복사실로 가셔야 하지만, 경매 기록은 경매계 밖으로 가지고 나갈 수 없게 규정되어 있습니다. 못 가지고 나가게 되어 있어요!"

"그러면 어떻게 하죠? 경매 기록 전체를 다 복사해야 하는데…."

"눈치껏 복사하시면 돼요. 요즘은 많이 한다고 못 하게 억지로 말리지는 않습니다."

"알았습니다. 그러면 일단 접수하고 오겠습니다!"

경매 기록을 확보했다면 다음의 일곱 가지 사항을 체크하면서 매각불허가신청 사유를 찾아보자.

1. 경매개시결정의 하자를 찾아라

경매개시결정 과정의 '절차상 하자'를 이유로 병아리 투자자가 '매각불허가결정'을 받아낸다는 것은 그리 쉬운 일이 아니다. 일단 경매 기록 전체를 확보했다면, 경매 전문가나 과거 경매 법원에서 근무한 경험이 있는 법무사를 찾아가 의논하는 것이 현명하다. 경매를 진행하면서 경매 법원이 민사집행법상의 절차를 제대로 지키지 않았다면, 이는 명백한 매각불허가사유가 된다. 하지만 경매 낙찰 경험이 많지 않은 낙찰자가 혼자 힘으로 경매 절차상의 문제점을 찾아낸다는 것은 현실적인 이야기는 아니다.

2. 현황과 다르게 작성된 매각물건명세서 [1]

"매각물건명세서와 부동산 실제 상황과는 차이가 꽤 있는 거 같은데요?"

"그런 경우가 많습니다."

"정확하게 내용을 파악해서 팔아먹어야지, 대충해서 낙찰자에게

---

1) **민사집행법 제105조**(매각물건명세서 등) ① 법원은 다음 각 호의 사항을 적은 매각물건명세서를 작성하여야 한다. 1. 부동산의 표시, 2. 부동산의 점유자와 점유의 권원, 점유할 수 있는 기간, 차임 또는 보증금에 관한 관계인의 진술, 3. 등기된 부동산에 대한 권리 또는 가처분으로서 매각으로 효력을 잃지 아니하는 것, 4. 매각에 따라 설정된 것으로 보게 되는 지상권의 개요. ② 법원은 매각물건명세서·현황조사보고서 및 평가서의 사본을 법원에 비치하여 누구든지 볼 수 있도록 하여야 한다.

부담을 주면 안 되잖아요?"

"현실적으로 집행관이나 감정평가사가 부동산의 점유 현황이나 현황을 정확하게 파악한다는 것이 말처럼 쉽지는 않습니다."

"매각목록서와 실제 임차인의 점유 현황이 많이 달라요?"

"그렇죠! 그래서 집행관도 현장을 방문했다가 아무도 만나지 못한 것으로 표시했잖아요?"

"그런 내용이 어디 있나요? 나는 아무리 봐도 모르겠는데, 그런 말을 도저히 못 찾겠어요."

"여기 점유자 현황을 보면 '폐문부재'라고 되어 있잖아요!"

"아무도 만나지 못했다는 말인가요?"

"네! 집행관은 현황조사명령이 떨어지면 한 번은 경매 물건지를 가게 되거든요."

"내 말은 한 번이 아니라, 두 번, 세 번이라도 가서 만나서 그 내용을 정확히 파악해서 기재해야 하는 것 아닌가요?"

"그러기는 현실적으로 힘들죠. 집행관 인력이 그렇게 되지 않고, 또 출장 수당도 얼마 안 되거든요."

"아무리 그래도 사실과 기재 내용이 다르면 곤란하잖아요. 수천만 원에서 수억 원이 왔다 갔다 하는데요."

"그래서 매각목록서의 기재 내용에 차이가 심하거나 잘못된 내용이 있으면, 그것을 이유로 불허가신청을 하거나 기각신청을 하면 대부분 받아줍니다. 항상 받아주는 것은 아니지만요!"

"그러니까…, 점유 사실이 차이 나는 것을 이유로 '매각불허가신청'을 해보라는 말씀이시죠?"

"그렇죠, 다시 말씀드리지만, 항상 받아들여준다는 보장은 없다는 것만은 알고 하셔야 해요."

"그렇겠죠, 판사님도 집행관 편일 가능성이 더 크니까요."

"그런 게 아니고요. 낙찰자가 제기하는 문제가 정당한가에 따라 결정할 뿐입니다."

"그런가요?"

"그러니까 판사님이 이해하기 쉽게 내용을 잘 정리해서 조목조목 설명하세요."

"그러겠습니다!"

"서두르셔야 해요. 매각허부결정기일 전까지 '매각불허가신청서'를 접수하셔야 하니까요."

"그런가요? 그러면 정말 시간이 없네요. 월요일에 낙찰받았고, 오늘이 목요일이니 내일밖에는 시간이 없다는 말씀이네!"

"정말 서두르셔야겠네요. 저녁 때까지 정리해서 '매각불허가신청서'를 보내드릴 테니 검토해주시겠어요?"

"네, 보내주세요. 한번 봐드릴게요."

"감사합니다. 1,500만 원이라는 거액의 입찰보증금이 걸려 있는 판국입니다."

"침착하게 잘 정리해서 써보세요."

3. 감정평가서를 집중적으로 파고들어라

경매 물건의 감정평가서는 경매 법원의 명령으로 공인된 감정평가(사)법인이 작성하는데, 해당 경매 물건의 모든 것을 담고 있다고 할 수 있다.

그런데 이 감정평가서에 작성된 내용이 현실적인 여러 이유들로 인해 경매 물건의 실제 현황을 제대로 파악하지 못하고 이루어지는 경우가 있다. 그러다 보니 감정평가서가 현황과 차이가 나거나 심한 경우, 부동산 현실과 전혀 어울리지 않는 경우가 있다. 그것은 감정평가사의 능력의 문제가 아니라, 물리적으로 불가항력적인 요인도 작용한다.

예를 들어, 강원도 양구에 있는 임야 경매 물건을 눈에 완전히 뒤덮인 한겨울에 감정해서 감정평가서를 작성했다고 해보자. 맨땅이라고는 단 한 평도 보지 못하고 작성된 감정평가서가 현황을 제대로 설명할 리 만무하다. 낙찰자는 한여름에 현장 조사를 하고 이를 바탕으로 응찰했다고 해보자. 인근 현황, 도로 모양, 접근 난이도 등 어느 것 하나 일치할 리 없다. 녹음이 우거져 숲이 울창한 한여름의 임야는 낙엽이 다 지고 난 다음의 눈으로 뒤덮인 황량한 겨울 산과는 전혀 다른 느낌을 주게 된다. 실제와 감정평가의 차이가 발생할 수밖에 없는 근본적인 이유다. 감정평가서가 부동산 실상과 다를 가능성이 크다는 것이다.

따라서 이처럼 현황과 다르게 작성된 감정평가서는 낙찰자가 매각불허가신청 사유를 찾아낼 보물단지다. 도시 지역의 부동산이라고 해서 크게 다를 리 없다. 주변 상황, 거래 시 감정가격의 차이, 부동산 현황 등은 실제와 다른 경우가 너무 많다. 경매 하자의 단서를 찾아낼 중요한 대목이다. 과장해서 말하면 '물 반 고기 반'이다.

경매 정보지에 실린 감정평가서 요약 부분

어떤 경매 물건을 가정해 감정평가서에서 입찰 당시 부동산의 실제 현황과 차이를 발견해서 '매각불허가신청'을 제기할 수 있는 문제를 찾아보자.

> ① 감정 시점과 응찰 시점에서 부동산 현황에 차이가 나고 있는 부분을 문제 삼을 수 있고,
> ② 감정 시점과 입찰 시점에 해당 부동산의 가격이 차이가 있는 경우 문제를 삼을 수 있고,
> ③ 전에는 맹지가 아니었는데, 지금은 맹지가 된 사항도 불허가 이유가 될 수 있다.

"맹지면 차량 출입이 불가능하잖아요?"

"그렇죠! 맹지여서 나중에 전원주택 등으로의 건축허가도 나지 않아 쓸모가 없는 부분도 문제 삼을 수 있고요."

"그런데 왜 이렇게 되었는지 아세요?"

"감정평가 당시에는 도로에 접해 있었지만, 그 후에 분할로 인해 맹지가 되었거든요."

"그것만으로는 이유가 약한 것 같은데요. 매각불허가신청을 받아주지 않을 가능성도 있겠는데요."

"부동산 현황과 매각목록 기재 내용이 다른 점을 집중적으로 파고들면 가능성은 어느 정도 있다고 보이는데요."

"역에서 거리도 그렇고 편의시설, 주변 환경 등 거의 모든 것이

따져보면 실상과는 많이 다른 것 같아요."

"쟁점을 그냥 나열만 하지 마시고 일목요연하게 정리하시는 것도 중요합니다."

"그렇겠죠. 한번 해보죠!"

4. 송달상의 문제점

"전체 기록 어디를 봐도 채무자에게 송달된 흔적이 없어요."

"채무자의 주소가 불분명해서, 아니면 송달을 거부해서 송달이 안 되면 법원은 대체로 공시송달을 해서라도 송달 문제를 해결하고 난 다음에 경매를 진행하는데, 그런 기록이 없다는 말씀이세요?"

"경매 진행기록 어디를 찾아봐도 송달된 흔적이 없고, 또 공시송달은 채권자가 신청조차 하지 않은 것으로 보여요. 그런데 경매를 진행할 수 있는 건가요?"

"이 부분은 '매각불허가사유'가 충분합니다."

"그렇게 보시죠?"

"송달이 정상적으로 안 되고 경매 진행된 것을 알면 일단 '매각불허가' 결정을 한 다음, 하자를 '보완'하거나, 아니면 절차상의 하자로 '경매 절차를 기각'하는 사유입니다."

"그러면 송달을 문제 삼으면 되겠네요."

"확실하다면 불허가사유로는 가능성이 있네요."

5. 부동산 점유자가 매각목록과 다르게 존재하는 경우

"매각목록서에는 '점유자'가 없는 것으로 나와 있는데, 실제로는 선순위 임차인이라고 생각되는 사람이 있어요."

"그런가요? 주민등록 전입은 되어 있나요?"

"네. 임차인이라고 아무런 권리신고도 되어 있지 않은 사람이 전입되어 있어요. 한 가구 있어요."

"채무자하고 다른 전입세대가 있다는 말씀이시죠?"

"네. 그런데도 채무자 가족이 전부를 점유하고 있고, 임대차는 없는 것으로 매각목록서에는 기재되어 있어요."

"이 부분은 잘만 정리하면 '매각불허가사유'가 될 수 있는 부분이네요."

6. 임차인의 권리신고 하자 여부

집행관의 실수로 (선순위)임차인의 주민등록전입 누락 및 이에 기초해 작성된 매각목록서와 임대차현황보고서, 입찰물건명세서는 매각불허가사유[2]에 해당된다. 가끔 발생하는 일이다.

"임차인 말로는 배당요구를 분명히 했다고 하는데, 매각목록서에는 그런 사실이 기재되어 있지 않아요."

"임차인이 착각할 수도 있어요. 다시 확인해보세요."

"두 번이나 물어봤는데 자기는 분명히 배당요구를 했다고 하거든

---

2) 대판 1995. 11. 22. 95마1197

요?"

"경매 기록에는 확실히 배당을 요구한 내용이 기재되어 있지 않다는 거죠?"

"네! 분명히 없어요."

"그리고 또 없나요?"

"다른 임차인의 임차보증금액도 실제하고는 좀 다른 것 같아요."

"선순위 임차인인가요, 아니면 후순위 임차인인가요?"

"후순위 임차인이기는 해요."

"그래도 후순위 임차인 때문에 낙찰자 인수금액이 증가하면, 이를 이유로 '매각불허가'신청을 하면 받아들여 줄 가능성은 어느 정도 있어요. 한번 잘 정리해보세요."

"어떻게 정리하죠?"

"배당표를 한번 써보세요."

"그래서요!"

"배당표를 써봐서 권리신고기재 불합치로 후순위 임차인이 배당을 더 받아가고, 이 때문에 낙찰자가 인수해야 하는 금액이 증가한다고 정리가 되면, 충분히 매각불허가 사유가 됩니다."

"쉽지는 않겠네요?"

"그러니 낙찰받기 전에 조사를 철저히 한 다음에 응찰해야 하는데, 많은 분들이 여전히 그렇게 하지 않는 것 같아요. 대충 하고 나서 나중에 문제가 생기면 그때 허둥대시더라고요."

"솔직히 말씀드리면 처음에는 뭐가 뭔지를 잘 몰라요. 마음으로야 확실하게 파악한 다음에 응찰하고 싶은데…."

"그런다는 분들이 많아요. 아무튼 한번 잘 정리해보세요."

7. 경매 진행 절차상의 문제점

경매 기록을 통해 '매각불허가신청'을 해볼 수 있는 마지막 대목이다. 그러나 이 역시 초보 낙찰자가 혼자 힘으로 경매 진행 절차상의 하자를 이유로 '매각불허가'를 받아내기는 어렵다.

"대위변제가 이루어진 것 같은데, 이게 기재가 되지 않았어요."

"채무자나 임차인이 대위변제를 하고, 이를 경매 법원에 신청하지 않으면 경매 법원에서는 알 리가 없죠?"

"'아니오~' 했답니다. 임차인이 하는 말로는 그래서 자기는 선순위라고 하던데요."

"그러면 임차인이 대위변제를 하고 경매 법원에 이를 신고했는데도, 매각목록서에는 기재되어 있지 않다는 말씀이세요?"

"그런 것 같아요!"

"한번 챙겨봐야겠네요. 그것이 사실이라면 '매각불허가' 사유는 물론이고, '매각허가결정취소소송'의 사유도 가능합니다."

"그러면 받아들여질 가능성이 있다는 말씀이세요?"

"네! 앞의 다른 사유들은 '매각불허가'를 받아낼 수 있다고 확신하기 어렵지만, 대위변제로 인한 인수금액의 증가는 충분한 사유가 됩니다."

"그렇지요!"

"게다가 매각목록서나 매각명세서에 이 내용이 기재되어 있지 않다면 받아들여질 가능성이 큽니다."

소송은 감정싸움이 아니다. 처음부터 마지막까지 증거에 의한 냉정한 과정이다. 비싸게 잘못 받았다는 식의 일방적인 넋두리 같은 하소연에는 아무런 메아리가 없다. 누구도 귀를 기울여주지 않는다. 법원은 누구의 편도 아니다. 증거에 입각해서 공명정대하게 판단할 뿐이다. 내 마음에 안 드는 판결이 났다고 해서 법원을 비난하는 사람들이 주변에 가끔 있다. 못난 짓이다.

이런 방법이 있었다니,
믿어지지 않는다

우리가 아는 3년 고개 이야기

어릴 적 누구나 한 번 정도는 읽었거나 들어본 적 있는 우리 옛날
우화 중 '3년 고개' 이야기가 있다.

옛날 어느 산골 마을 입구에 3년 고개라는 곳이 있었는데, 이
고개에서 한번 넘어지면 3년밖에 더 못 산다는 전설이 전해 내려
오고 있었다. 그래서 마을 사람들 모두가 조심조심하며 이 고개
를 지나다녔다. 인심 좋고, 경치 좋아 사람이 살기는 참으로 좋은
마을이었지만, '3년 고개'는 마을 사람들은 물론, 이웃 마을에까
지 공포의 대상이었다. 어느 날, 할아버지가 이웃 마을 잔치에 참
가해 술을 거나하게 드시고는 기분 좋게 이 고개를 넘어오다가
그만 떼굴떼굴 굴러 넘어져버렸다. 정신을 차려보니 3년 고개 중

턱이었다. 영락없이 3년짜리 시한부 인생이 되고 만 것이다. 할아버지는 그날부터 몇 날 며칠 한숨을 쉬며 하늘만 쳐다봤다. 자신의 운명을 3년 고개에 맡겨버린 것이다.

아들과 며느리는 물론, 주변 사람들이 무슨 일 때문에 그러는지 물어도 대답은 하지 않고, 한숨만 거푸 쉬면서 날이 갈수록 눈에 띄게 쇠약해져갔다. 이 할아버지에게는 귀여운 손자 녀석이 하나 있었다. 똑똑하고 야무져서 할아버지의 귀여움을 독차지하고 있던 놈이다. 이 녀석의 눈에도 할아버지가 이상해져가고 있는 것이 느껴졌다. 하루는 손자가 "할아버지, 왜 요즘은 나랑 놀아주지도 않고 만날 한숨만 쉬어? 어디 아파?" 하고 물으니 할아버지께서 눈물을 글썽이더니 내뱉듯 한마디했다.

"이 할애비가 3년 고개에서 굴러 넘어져 이제 살 수 있는 날이 얼마 남지 않았단다!"

할아버지는 귀여운 손자를 볼 날이 얼마 남지 않았다고 생각하니 너무 슬퍼서 잠겨오는 목소리를 겨우 진정시키며 간신히 대답했다.

그러자 귀여운 손자는 아무렇지도 않다는 듯이 한마디 툭 했다.

"에이, 할아버지는 바보네. 그럼 한 번 더 구르면 되잖아요! 그러면 6년 살지, 그리고 한 번 더 구르면 9년 살잖아요!"

"뭐야, 이놈이! 아… 생각해보니 정말 그러네, 정말 그래!"

할아버지는 그 말을 듣고는 귀여운 손주를 호통치다 말고 그길로 달려나가 미친 듯이 종일 구르고 또 굴렀다.

"에고 좋아라, 에고 좋아라~ 에고 좋아라~~♬~♬~♩~♬"

그러고는 근심 걱정 털어버리고 아주 오래오래 건강하고 행복하게 잘 사셨다는 이야기다. 발상의 전환을 말없이 들려주는 수준 높은 우리나라 '우화'이고, '전설'이다.

옛날이야기는 이쯤에서 멈추고 현대 신식이야기로 돌아와보자. 인기가 많은 신식이야기들 중에도 '3년 고개'와 맥이 상통하는 이야기들이 많다.

경매판의 블루오션 전략

그중 하나가 '블루오션 전략[3]'이다. '3년 고개' 이야기는 몰라도 '블루오션 전략'을 모르는 분들은 많지 않을 것이다.

"블루오션은 현재 존재하지 않거나 알려져 있지 않아 경쟁자가 없는 유망한 시장을 가리킨다. 블루오션에서는 시장 수요가 경쟁이 아니라 창조에 의해 얻어지며, 여기에는 높은 수익과 빠른 성장을 가능하게 하는 엄청난 기회가 존재한다. 그리고 경기 법칙이 아직 정해지지 않았기 때문에 경쟁은 무의미하다. 따라서 블루오션은 아

---

3) 프랑스 인시아드 경영대학원 국제경영 담당 석좌교수이며 유럽연합(EU) 자문위원인 김위찬 교수가 학교 동료인 르네 모보르뉴 교수(Renee Mauborgne, 인시아드 전략 및 경영학 교수, 세계경제포럼 특별회원)와 함께 제창한 기업 경영 전략론 '블루오션 전략'에서 유래했다. 이 용어인 '블루오션 전략'은 2005년 2월 하버드 경영대학원 출판사에서 단행본으로 출간되어 순식간에 베스트셀러 목록에 올랐고, 전 세계 100여 개국에서 26개 언어로 번역·출간되었다. 우리나라에서도 엄청난 센세이션을 일으킨 바 있고 이후로도 그 영향은 계속될 것이다.

직 시도된 적이 없는 광범위하고 깊은 잠재력을 지닌 시장을 비유하는 표현이다."

한마디로 블루오션 전략을 정의한다면, '뒤집어 고민하기'가 아닌가 한다. '역발상'이라고 표현해도 무방하다.

"블루오션 전략은 기업들이 발상의 전환을 통해 산업혁명 이래로 끊임없이 거듭해온 경쟁 원리에서 벗어나 고객에게 차별화된 매력 있는 상품과 서비스를 제공해 누구와도 경쟁하지 않는 자신만의 독특한 시장을 만들어야 한다는 것이다. 주체가 꼭 기업일 필요는 없을 것이다. 이와 반대로 이미 잘 알려져 있어 경쟁이 매우 치열한 시장은 레드오션(red ocean)이라고 한다."[4]

개인의 삶에서는 나 자신일 수도 있고, 재경매(매각)의 위험에 처한 낙찰자일 경우 마인드를 전환해 입찰보증금을 회수할 수 있는 방법을 찾아낼 수만 있다면, '3년 고개'나 '블루오션 전략'이 주는 교훈을 제대로 습득한 것이다.

경매판의 레드오션식 사고는 어떤 것일까? '내가 실수해서 잘못 낙찰받았으니, 더 이상 시비 걸지 말고, 모든 것을 내 책임으로 돌리고, 잔금을 납부하지 않기로 하고 속은 쓰리지만, 입찰보증금을 날린다.' 이것이 독자들이 원하는 정답은 아닐 것이다.

---

4) 출처 : 네이버 지식백과

경매판의 블루오션을 알고 있다면 어떨까? 입찰보증금을 대책 없이 날릴 위기에 처한 사람들에게 구원의 굵은 동아줄(블루오션)을 내려주자. 필자가 이 책을 통해서 여러분들에게 드리는 핵심 사항은 바로 블루오션을 제공하겠다는 것이다.

뒤집어 고민하니 거기에 답이 있더라

뒤집어 고민해보니 거기에 답이 있었다. 그런 의미에서 이 책은 대한민국 경매 책 역사상 '경매판의 블루오션'을 제공하는 첫 번째 경매 책이다. 입찰보증금을 돌려달라고 징징거리고 우는소리를 하면서 법원에 신청해보았자 받아주지 않을 '매각불허가신청'이나, 거액(입찰보증금만큼)의 항고보증금을 걸고 제기하는 승률이 낮은 '매각허가결정취소소송' 등에 목매지 말자.

기존에 알고 있어 당연하게 생각했던 접근 방법을 과감히 탈피해 당당하게 경매판을 뒤집어버리고 입찰보증금을 돌려받자는 것이다. 이 책을 기획하는 동안 '경매 신청권리 인수로 경매 취하'를 통해 경매판을 '좌~지~우~지~!' 할 수 있는 필살기를 알고 있는지 대한민국에서 내로라하는 유명한 경매 전문가 몇 사람에게 물었다. 하나같이 비슷한 대답들뿐이었다. 법원에 '읍소'하란다. 읍소하는 거야 자유겠지만, 받아들여 주지 않으면? 그것으로 그만이다. 효과적인 방법이 절대 아니다. "법원이 받아주지 않으면 어떻게 하나요?" 하고 물었더니 묵묵부답이다. 답이 돌아오지 않았다. 이래서는 입찰보증금을 돌려받을 가능성은 거의 '제로'다. 이것이 오늘날 대한민국 경매판의 냉엄한 현실이다. 제대로 된 레드오션이다.

비굴하게 읍소하지 말고, 법대로 당당하게

그러면 다른 방법이라도 있다는 것인가. 비굴하게 읍소하지 말고, 법대로 당당하게 '입찰보증금 돌려달라'고 요구하는 방법이라도 있다는 말인가. 그렇다. 방법이 있다. 이제부터 그 방법을 알려드리겠다. 답이 안 나오는 '읍소'나 하는 그런 답답하고 짜증나는 상황을 이 책을 통해 가지런히 정리하겠다. 딱 한 방으로 말이다. 이렇게 하면 날릴 뻔했던 입찰보증금은 물론이고, 은행이 보관하고 있던 동안에 불어난 이자까지 돌려받게 된다. '블루오션'이고 '3년 고개'다.

앞에서 살펴본 대로 경매 기록 전체를 확보해서 그럴싸한 '매각불허가사유'의 꼬투리를 잡았다. 그래서 매각불허가[5] 신청으로 살아나오기로 해보자. 그런데 기대와는 다르게 매각허가결정이 나버렸다고 해보자. 그다음으로 '매각허가결정취소'의 이유를 찾았다고 해보자. 다시 이를 바탕으로 경매 법원에 살려달라고 울고불고해보

---

5) **민사집행법 제123조**(매각의 불허) ① 법원은 이의신청이 정당하다고 인정한 때에는 매각을 허가하지 아니한다. ② 제121조에 규정한 사유가 있는 때에는 직권으로 매각을 허가하지 아니한다. 다만, 같은 조 제2호 또는 제3호의 경우에는 능력 또는 자격의 흠이 제거되지 아니한 때에 한한다.

자. 입찰보증금을 돌려달라고 애원했다고 해보자는 말이다. 받아들여 줄지, 그렇지 않을지는 오로지 담당판사의 재량에 달려 있다. 경매 법원이 받아들여 주지 않으면, 그때는 어떤 또 다른 해결 카드를 가지고 있는지 무겁게 묻고 있다.

매각불허가 사유

"이런 이유로 일단은 매각불허가신청을 한번 해보려고요."

"글쎄요. 신청 사유가 되기는 하지만 이런 정도로 받아줄까요!"

"기록을 면밀히 검토해본 결과, 대강 세 가지 문제점이 추려졌어요."

"이 정도로 받아들여 줄지 걱정이 되는데요."

"충분하지 않을까요?"

"좀 약한 것 같아요. 이런 정도는 응찰자가 사전에 충분히 조사하고 난 다음 응찰해야 한다고 보는 판사님들도 많이 있거든요?"

"저는 감정평가사가 정확하게 조사해서 감정평가서를 제대로 작성해야 한다고 보는데요!"

"당연한 이야기지만, 현실적으로 여러 가지 이유로 인해서 한계가 있는 거죠!"

"참 어렵네요!"

"그래도 일단은 한번 잘 정리해서 '매각불허가신청'을 해보세요."

"판사님이 직권으로 불허가 결정을 내리는 조건이 뭔가요?"

"다음의 사항 중 어디 하나라도 해당하면 직권으로 매각불허가 결정은 가능하죠."

① 이해관계인의 이의가 정당하다고 인정할 때

법원은 매각결정기일에 출석한 이해관계인의 매각허가결정에 대한 이의가 정당하다고 인정한 경우에는 매각불허가결정을 한다.

② 직권으로 불허가할 사유가 있을 때

- 부동산이 멸실하거나 제삼자가 압류 전의 가등기에 기해 본등기를 경료한 경우
- 사립학교의 교지, 교사 등 법률상 양도가 금지된 부동산
- 최고가매수신고인이 부동산을 매수할 능력이나 자격이 없는 경우에는 능력 또는 자격의 흠결이 매각결정기일까지 제거되지 아니한 때(농지취득자격증원 등)
- 법률상의 매각조건에 위반해 매수한 경우

③ 과잉경매가 되는 경우

④ 부동산의 훼손을 이유로 매각불허가신청이 있을 때

매각이 실시되고 난 후에 천재지변이나 기타 자기가 책임질 수 없는 사유로 인해 부동산이 훼손된 때에는 최고가매수인은 매각불허가신청이 가능하고, 이 경우 부동산의 훼손 상태(경미한 훼손은 제외)에 따라 매각을 불허가할 수 있다.

내일 걱정을 오늘 미리 당겨서 하지 마시라

"그렇다면, 일단 우리도 신청 이유는 있네요?"

"네! 그런데 법이라는 게 그렇잖아요!"

"비슷한 이유라도 어떤 법원에서는 받아들여 주는데, 어떤 법원

에서는 배척하고."

"그러니까 안 받아줄 거라고는 미리 예단하지 말라는 말씀이네요!"

"네! 매각불허가신청은 인지대만 납부하면 되어서 비용 부담도 없고, 소장을 따로 쓰는 것도 아니라서 신청 사유는 충분히 됩니다. 그러니 한번 해보세요."

"좀 도와주세요. 한번 해보겠습니다."

매각불허가신청이 받아들여지지 않은 경우

매각불허가신청을 통해 입찰보증금을 돌려달라고 애원해봤지만, 앞서 말했듯이 받아들여 줄지, 아닐지는 법과 사실에 기초해서 담당 판사의 재량에 달려 있다. 경매 법원이 이를 받아들여 주지 않으면 어떤 해결 카드가 있을까?

"매각불허가신청이 기각되고 말았어요."

"그럴 수 있죠!"

"받아들여 주면 입찰보증금을 돌려받고 쉽게 끝났을 텐데요."

"그게 그렇게 쉽지만은 않습니다. 여러 번 말씀드렸잖아요?"

"그러면 지금부터는 어떻게 해야 하나요?"

"대강 네 가지로 방법을 생각해볼 수 있어요."

"말씀을 좀 해주세요."

감정평가서상의 평가가격, 현황 불합치 문제, 임차인 기재 내용 부실, 경매 진행 절차상의 문제를 이유로 들어 '경매 절차기각신청'이나 '매각대금감액청구'를 제기하는 것이다.

"불허가신청을 했을 때도 이런 이유를 들었지만, 매각허가결정이 나버렸잖아요?"

"각색해서 다시 또 해보는 거죠!"

"항고보증금을 제공해야 하나요?"

"아니요. 소송이 아니고 신청이니 그럴 필요는 없고 신청비용은 들어갑니다."

"받아들여 줄까요?"

"그거야 모르지만, 미리 겁먹을 필요는 없다니까요?"

"불허가신청이 기각되어서 기가 좀 빠졌거든요!"

경매 투자를 하다 보면 이보다 더 험한 일도 당할 각오를 해야 한다.

법원이 매각불허가나 매각대금감액신청을 쉽게 받아줄 것이라고 생각하는 독자들이 있다면 '순진하다'라고밖에 달리 할 말이 없다. 거의 당연히 기각이다. 그렇다고 법원을 탓할 일은 더욱 아니다. 법원은 낙찰자도 보호해야 하지만, 채권자 등 다른 이해관계인도 똑같은 무게로 보호한다. 그것이 아직 이해가 안 되는 분들은 내공을 더 쌓아야 할 것이다.

매각결정 후 매각허가결정 취소 청구소송

앞의 두 가지 청구와는 다르게 여기서 다루는 내용부터는 본격적인 소송이다. 혼자서 할 수도 있지만, 그리 효과적이지 않다. 또한 항고보증금액을 공탁해야 하는 부분도 문제다. 그러나 문제는 소송을 제기한다고 해서 받아들여질 가능성이 그리 크지 않다는 것이다. 예단할 일은 아니지만 승소할 가능성은 크지 않다.[6]

---

6) **민사집행법 제121조**(매각허가에 대한 이의신청사유) 매각허가에 관한 이의는 다음 각 호 가운데 어느 하나에 해당하는 이유가 있어야 신청할 수 있다. 1. 강제집행을 허가할 수 없거나 집행을 계속 진행할 수 없을 때, 2. 최고가매수신고인이 부동산을 매수할 능력이나 자격이 없는 때, 3. 부동산을 매수할 자격이 없는 사람이 최고가매수신고인을 내세워 매수신고를 한 때, 4. 최고가매수신고인, 그 대리인 또는 최고가매수신고인을 내세워 매수신고를 한 사람이 제108조 각 호 가운데 어느 하나에 해당되는 때, 5. 최저매각가격의 결정, 일괄매각의 결정 또는 매각물건명세서의 작성에 중대한 흠이 있는 때, 6. 천재지변, 그 밖에 자기가 책임을 질 수 없는 사유로 부동산이 현저하게 훼손된 사실 또는 부동산에 관한 중대한 권리관계가 변동된 사실이 경매 절차의 진행 중에 밝혀진 때, 7. 경매 절차에 그 밖의 중대한 잘못이 있는 때.
　　제130조(매각허가여부에 대한 항고) ① 매각허가결정에 대한 항고는 이 법에 규정한 매각허가에 대한 이의신청사유가 있다거나, 그 결정절차에 중대한 잘못이 있다는 것을 이유로 드는 때에만 할 수 있다. ② 민사소송법 제451조제1항 각 호의 사유는 제1항의 규정에도 불구하고 매각허가

그런데다가 시간 낭비와 만만치 않은 비용 부담이 눈앞을 가로막고 서는 순간이다. 맥이 빠지지 않을 수가 없다. 부동산 법원 경매가 쉽다며 누가, 언제 시작해도 대박이라는 감언이설을 쉽게 발설하던 자들을 응징하고 싶은 순간이다. 그러나 냉정해야 한다. 승산이 낮은 싸움에 시간과 돈을 더 퍼부을 것인가, 아니면 냉정히 돌아서는 용기를 온 천하에 보여주는 대신, 입찰보증금을 한 방에 날릴 것인가.

따라서 이제부터가 진검승부다. 독자 여러분이 이 물건의 낙찰자라고 해보자. 어떤 방법을 동원하고, 누구를 만나서, 어떤 조언을 듣더라도 날릴 위기에 처한 입찰보증금만 돌려받을 수 있다면 합법은 물론이고, 불법적인 방법도 따지지 않고 싶을 심정일 것이다. 주변에 누가 포진하고 있는지가 중요하다. 한 수 제대로 코치해줄 실력을 제대로 갖춘 전문가가 있는가, 아니면 목소리만 높이는 오합지졸에 둘러싸여 있는가에 따라 입찰보증금을 찾아올 수도, 아니면 그냥 날릴 수도 있는 절박한 상황이 펼쳐진다.

또는 불허가결정에 대한 항고의 이유로 삼을 수 있다. ③ 매각허가결정에 대하여 항고를 하고자 하는 사람은 보증으로 매각대금의 10분의 1에 해당하는 금전 또는 법원이 인정한 유가증권을 공탁해야 한다. ④ 항고를 제기하면서 항고장에 제3항의 보증을 제공하였음을 증명하는 서류를 붙이지 아니한 때에는 원심법원은 항고장을 받은 날부터 1주 이내에 결정으로 이를 각하하여야 한다. ⑤ 제4항의 결정에 대하여는 즉시항고를 할 수 있다. ⑥ 채무자 및 소유자가 한 제3항의 항고가 기각된 때에는 항고인은 보증으로 제공한 금전이나 유가증권을 돌려줄 것을 요구하지 못한다. ⑦ 채무자 및 소유자 외의 사람이 한 제3항의 항고가 기각된 때에는 항고인은 보증으로 제공한 금전이나, 유가증권을 현금화한 금액 가운데 항고를 한 날부터 항고기각결정이 확정된 날까지의 매각대금에 대한 대법원규칙이 정하는 이율에 의한 금액(보증으로 제공한 금전이나, 유가증권을 현금화한 금액을 한도로 한다)에 대하여는 돌려 줄 것을 요구할 수 없다. 다만, 보증으로 제공한 유가증권을 현금화하기 전에 위의 금액을 항고인이 지급한 때에는 그 유가증권을 돌려 줄 것을 요구할 수 있다. ⑧ 항고인이 항고를 취하한 경우에는 제6항 또는 제7항의 규정을 준용한다.

이제부터가 스릴 넘치는 진검승부

무슨 일이든 타이밍이 있다. 정확하게 적시에 시행되어야 효과적이다. 여러분은 지금까지 '알고 있었는가?', '알지 못했는가'의 차이로, 적게는 수백만 원에서, 많게는 수억 원이라는 거액 입찰보증금의 운명이 달라지는 것을 목격해야 했다. 알면 지켰고, 모르면 날리게 된다는 말이다. 이 대목에서 필자도 큰소리칠 입장은 못 된다는 것을 고백한다. 입찰보증금을 돌려 받을 수 있는 필살의 카운터 펀치를 알지 못했던 시절에 보증금을 날린 적이 있기 때문이다. 앞의 매각허가결정 취소 청구소송은 샘플일 뿐이다. 지금까지 '경매 신청 권리인수'라는 필살기를 몰랐던 사람들에게는 두 가지 선택이 있었을 뿐이다.

입찰보증금 포기로 방향을 잡은 낙찰자

"어쩔 수 없을 것 같습니다!"

"뭐가요?"

"두 번이나 신청이 기각당했는데, 비슷한 사유로 '매각허가결정 취소소송'을 한다고 해서 승산이 있을 것 같지도 않아서 포기해야 할 것 같습니다."

"그건 그래요."

"소송하려면 항고보증금을 공탁해야죠, 직장관계로 직접 소송할 수도 없으니, 변호사를 선임해야죠, 그러려면 비용도 만만치 않게 소요되고요."

"더 중요한 것은 그러고도 승소한다는 보장도 전혀 없다는 겁니다."

"그러게요!"

"그럴 바에야 차라리 입찰보증금 3,282만 원을 포기하고, 빨리 잊어버리는 것이 낫다는 생각도 듭니다. 답답하고 막막합니다!"

"시세보다 대략 얼마 정도 더 비싸게 받았다고 그러셨나요?"

"낙찰가격이 385,888,900원이고, 현재 시세가 대략 3억 3,000만 원이니, 5,200만 원은 비싸게 받았다고 봐야 하지 않나요?"

"그렇다고 3,282만 원을 이렇게 허무하게 포기하는 것도 마음이 아프네요."

"이전비용, 수리비, 금융비용, 명도비용 등을 생각하면 차라리 날릴 입찰보증금이 적다고 볼 수도 있습니다."

"그렇게라도 생각해야 마음이 좀 편해지긴 합니다."

"아무튼 대강 그렇게 결정했습니다."

매각허가결정취소 소송 쪽으로 방향을 잡은 낙찰자

앞과는 반대의 경우로 결정한 사람의 상황을 살펴보자.

매각허가결정 취소 청구서

사 건 번 호 : 2010 타경 12345
채 권 자 : 우리은행 경매소송관리팀
채 무 자 : 윤 장*
최고가매수인 : 장 영*외 1인
부동산 표시 : 서울시 마포구 망원동 338-**

위 당사간 법원 사건번호 2010 타경 12345호 부동산임의경매사건에 관하여 아래와 같은 사유로 인하여 귀원이 2011. **. **. 일에 결정한 '매각허가결정'을 취소하여 주실 것을 청구하는 바입니다.

- 신 청 취 지 -

별지목록 기재 부동산에 대한 매각결정을 취소한다 라는 재판을 구합니다.

- 신 청 이 유 -

1. 귀 경매법원의 명령으로 감정평가법인 '**평가**'이 감정한 감정가격 410,250,000원은 시세보다 훨씬 고가로 감정되어 있음이 밝혀졌습니다. 현재 일반거래시세는 3억3천 만 원 전후라고 문의한 부동산 중개업소에서 증언하였습니다(**부동산 : 전화 02-3308-****).

2. 위 물건 '감정평가서' 4페이지 '건물감정평가요항표' 7항은 지하철역과의 거리를 80m, 도보로 약 2분 거리라고 표기하고 있으나, 이는 도로조건을 무시한 직선거리일 뿐이로, 도로조건을 감안하면 서울 지하철 2호선 합정역으로부터 180m, 지하철 6호선 망원역으로부터 220m 이격되어 있고, 도보로는 각각 5분과 8분이 소요되는 것으로 밝혀졌습니다.

3. 감정가격을 보면 제시외 옥탑이 약 15㎡ 소재, 이의 감정가격으로 250만원을 감정하고 있으나, 관할구청인 마포구청으로부터 이 부분에 대해 무단용도변경등으로 원상복구명령이 내려져 있고, 원상회복시까지 매 6개월마다 38만원의 이행강제금이 부과되고 있는 실정입니다.

4. 최고가매수인은 당초 귀법원의 감정가격을 신뢰하여 그 가격의 94%인 385,888,900원에 응찰하였습니다. 그러나 낙찰 후 본인의 조사에 의하면 1.에서 보는 것처럼 현재 일반거래시세가 3억3천만원 전후인 것을 감안하면, 현재시세의 94%인 310,200,000원이 적정 응찰가격이라고 사료됩니다.

5. 하여 위의 이유들을 종합적으로 판단하시어 매각허가결정을 취소하여 주시기 바랍니다.

2011. **. **

최고가매수인 : 장 영*외 1인 (인)

서울 서부지방법원 귀중

"받아주든지, 아니든지 끝까지 한번 해보겠습니다."

"'매각허가결정취소소송'을 하기로 했다고 하니, 달리 할 말도 없네요. 좋은 결과 있기를 바랍니다. 그런데 나 홀로 소송이세요, 아니면 변호사를 선임하시나요?"

"알아보니까 선임료를 꽤 많이 달라고 해서요."

"그건 그렇죠!"

"'매각허가결정취소소송' 사유로는 대강 네 가지로 정했습니다. 이를 주된 이유로 하려고요. 민사소송법 시절의 대법원 판례를 보면, '감정평가사의 감정가격이 일반적인 매매 시세와 현저히 가격 차이를 보여, 부당하다고 인정되는 경우라면, 이로써 최저경매가격의 결정에 중대한 하자가 있는 것으로 보는 것이 타당하다. 따라서 이는 불허가(매각허가결정취소) 사유에 해당한다'[7]라는 판례도 있으니 가능성은 있을 것 같아요?"

"말리지는 않겠지만 권하기도 애매하네요!"

"루비콘강을 건넜습니다."

루비콘강을 건너는 시저(Caesar)처럼 비장한 결의야 대단하지만, 이런 식의 평범한 대응으로는 입찰보증금을 지키기 쉽지 않다. 법원이 받아줄 가능성이 그리 크지 않다는 것이다. 그동안 전국 차원의 재매각 비율과 재매각 건수가 이를 잘 설명하고 있다. 뜸은 인제 그만 들이고, 날릴 뻔한 입찰보증금을 회수하기 위한 제대로 된 방법을 공개하겠다. 지금까지 어떤 책에서도 알려주지 않았던 방법이다.

---

7) 대판 2000. 06. 23. 2000마1143

입찰보증금 회수 전쟁에서
한 방에 을(乙)에서 갑(甲)으로

법원이 받아들여 주지 않았다고 해보자

앞에서 살펴본 것처럼 소송을 통한 입찰보증금 회수 방법들이 수포가 되었다고 해보자. 즉 법원이 받아들여 주지 않았다고 해보자는 이야기다. 여기까지는 일단 '매각불허가신청'이나 '매각허가취소소송' 정도를 염두에 두고 말씀드렸다.[8] 이런 정도는 시중의 많은 책에서도 소개되고 있다.

민사집행법에서는 최고가매수인이 된 다음, 경매 절차에 대해 이의를 제기하려면 입찰(매각)보증금에 상응하는 금원(현금이나 보증보험증권)을 제공하도록 하고 있다. 따라서 '매각허가취소소송'은 소송

---

8) **민사집행법 제93조**(경매 신청의 취하) ① 경매 신청이 취하되면 압류의 효력은 소멸된다. ② 매수신고가 있은 뒤 경매 신청을 취하하는 경우에는 최고가매수신고인 또는 매수인과 제114조의 차순위매수신고인의 동의를 받아야 그 효력이 생긴다.

그 자체도 쉽지 않다. 소송을 제기할 수는 있지만 패소하면 공탁했던 항고보증금도 몰수당한다.

그러면 어쩌라는 말인가. 이대로 주저앉으라는 말인가. 그럴 수는 없는 노릇이다. 그러면 여러분들은 필자에게 묻고 싶을 것이다. '무슨 방법이 있냐?'고. 있다. 필자는 분명한 히든카드를 가지고 있다. 도움이 될 만한 내용도 없이 허풍스럽게 큰소리만 칠 필자가 아니다.

큰소리친다고 언짢아 할 독자들도 있을 것이다.

다음 내용을 보면 큰소리치는 필자의 자신감을 이해하게 될 것이다.

독자들에게 당당하게 요구할 자격이 있다

지금 소개하는 이 방법 하나만으로도 나는 얼마든지 '이 책 좀 많이 사 주시라!'고 여러분들에게 당당하게 요구할 자격이 있다. 책도 많이 사주시고, 주변의 지인들에게 소개도 해주시고, 필자가 운영하는 카페에 가입도 해주시고, 유튜브 동영상 강좌로 공부도 하시라고 요구할 자격이 있다는 말이다.

지금까지 공개되지 않은 방법이 있다. 입찰보증금을 날릴 처지에 빠졌던 낙찰자(최고가매수인)가 경매 진행을 경매 법원의 경매 담당판사에게 그 운명을 맡기지 않을 방법이 있다는 것이다. 이 방법에 대해서 지금까지 다른 책들이나 저자들이 언급하지 않은 것은 필자에게는 복이다. 그리고 이제라도 방법을 알게 된 여러분들은 행운이다.

이 방법을 알기 전까지는 낙찰자는 경매 진행 과정에서 정확하게 을(乙)이었다. 그러나 여기에 소개되는 방법을 익히고 구사함으로써 입찰보증금 회수 전쟁에서 밀리기만 했던 모든 전세는 역전된다. 을(乙)에서 갑(甲)으로의 화려한 대변신이 완성되는 것이다. 필요한 펀치는 두 방도 필요 없다. 딱 한 방이다. 이 방법으로 입찰보증금을 몰수당할 처지에 빠져 있던 낙찰자가 경매 진행 과정 전반을 쥐고 흔드는 갑(甲)의 자리로 등극한다. 필자는 자신 있게 말씀드린다. 대한민국 어떤 경매 책에서도 이런 정당한 방법을 떳떳하고 당당하게 소개한 책은 없었다. 어느 책에서도 알려주지 않았던 방법을 소개하는 이 책의 가치를 따져보자.

매각보증금이 10%인 신매각물건 경우

① 4,500만 원짜리 경매 물건에 응찰하면서 10%인 450만 원을 매각보증금으로 제공했다.

② 9,000만 원짜리 경매 물건에 응찰하면서 10%인 900만 원을 매각보증금으로 제공했다.

③ 1억 3,500만 원짜리 경매 물건에 응찰하면서 1,350만 원을 매각보증금으로 제공했다.

④ 1억 8,000만 원짜리 경매 물건에 응찰하면서 1,800만 원을 매각보증금으로 제공했다.

⑤ 2억 2,500만 원짜리 경매 물건에 응찰하면서 2,250만 원을 매각보증금으로 제공했다.

⑥ 2억 7,000만 원짜리 경매 물건에 응찰하면서 2,700만 원을 매각보증금으로 제공했다.

⑦ 4억 5,000만 원짜리 경매 물건에 응찰하면서 4,500만 원을 매각보증금으로 제공했다고 가정해보자.

매각보증금이 20%인 재매각물건 경우

① 4,500만 원짜리 경매 물건에 응찰하면서 20%인 900만 원을 매각보증금으로 제공했다.

② 9,000만 원짜리 경매 물건에 응찰하면서 20%인 1,800만 원을 매각보증금으로 제공했다.

③ 1억 3,500만 원짜리 경매 물건에 응찰하면서 2,700만 원을 매각보증금으로 제공했다.

④ 1억 8,000만 원짜리 경매 물건에 응찰하면서 3,600만 원을 매각보증금으로 제공했다.

⑤ 2억 2,500만 원짜리 경매 물건에 응찰하면서 4,500만 원을 매각보증금으로 제공했다.

⑥ 2억 7,000만 원짜리 경매 물건에 응찰하면서 5,400만 원을 매

각보증금으로 제공했다.

⑦ 4억 5,000만 원짜리 경매 물건에 응찰하면서 9,000만 원을 매각보증금으로 제공했다고 가정해보자.

앞의 열네 가지의 매각보증금이 날아갈 상황에서 여러분들이 지금 소개하는 이 방법을 구사했다고 해보자.

매각보증금이 10%인 신매각물건 경우

① 450만 원을 매각보증금으로 제공했다가 이를 돌려받게 되었다면 이 책은 300배.[9]

② 900만 원을 매각보증금으로 제공했다가 이를 돌려받게 되었다면 이 책은 600배.

③ 1,350만 원을 매각보증금으로 제공했다가 이를 돌려받게 되었다면 이 책은 900배.

④ 1,800만 원을 매각보증금으로 제공했다가 이를 돌려받게 되었다면 이 책은 1,200배.

⑤ 2,250만 원을 매각보증금으로 제공했다가 이를 돌려받게 되었다면 이 책은 1,500배.

⑥ 2,700만 원을 매각보증금으로 제공했다가 이를 돌려받게 되었

---

9) 이 책의 정가를 15,000원이라고 한다면, 몰수당할 뻔한 매각보증금을 이 책값으로 나누어보면 대강 이런 계산이 성립한다.

다면 이 책은 1,800배.

㉠ 4,500만 원을 매각보증금으로 제공했다가 이를 돌려받게 되었다면 이 책은 3,000배 가치가 있다고 할 수 있다.

매각보증금이 20%인 재매각물건 경우

5,400만 원을 매각보증금으로 제공했다가 이를 돌려받게 되었다면 이 책은 3,600배일 것이고, 9,000만 원을 매각보증금으로 제공했다가 이를 돌려받게 되었다면, 이 책은 6,000배를 여러분에게 돌려드리는 방법을 알려드리고 있다. 지금까지 이런 책이 대한민국 어디에 있었다는 말인가. 큰소리 좀 치고, 자랑 좀 해도 귀엽게 봐주실 수 있지 않을까 생각해본다. 자랑만 길어지고 내용은 보여주지 않는다고 지루해서 하품하시는 분들을 위해 본론을 시작한다.

누구나 할 수 있는 하나 마나 한 소리

"아파트 경매 물건에 입찰해서 보증금으로 4,288만 원에 걸었는데 날아가게 생겼습니다. 무슨 방법이 없을까요?"

"무슨 말씀이세요. 좀 천천히 말씀해보세요!"

"죽게 생겼다니까요. 방법 좀 알려주세요. 무슨 방법이 없을까요?"

"숨 안 넘어가니 천천히 말씀해보시라니까요!"

"재건축한다고 해서 병원 앞에 있는 우성아파트 42평형에 응찰했는데, 너무 비싸게 응찰한 거 같아서 잔금을 안 내려고 하는데, 무슨 방법이 없을까요?"

"시세는 얼마나 하는데요?"

"대략 6억 원 전후라고 하고, 급매는 이보다는 약간 더 싸게도 살 수 있다고 해요."

"얼마에 응찰했는데요?"

"6억 8,000만 원이요!"

"뭐라고요? 보증금은 4,288만 원 걸었다면서요!"

"그날 최저매각가격이 4억2,880만 원이었거든요."

"최초 감정가격은 얼마였는데요?"

"6억 7,000만 원!"

"그러면 시세보다 7,000만 원 정도 비싸게 감정했네. 그것을 사유로 불허가신청을 한번 해보세요."

"그럴까요. 그런데 그 방법밖에 없나요?"

"낙찰자에게 무슨 다른 방법이 있을 수 있나요. 울며 겨자 먹는 식으로 그거라도 한번 해보라고 권하는 거지요."

새끼 밴 암소를 샀다면,
배 속 송아지는 누구 것?

다른 세상을 만나게 해드릴 수도 있다

그러면 다른 방법이 있다는 것인가? 다른 사례를 통해 이해를 쉽게 해보자. 서울동부지방법원 2020-12345번으로 경매 진행된 사건에서 2021년 입찰일에 당일최저매각가격 15억 원일 때 15억 5,000만 원에 응찰해 다른 경쟁자 세 명을 물리치고 낙찰받았다가 이날 제공했던 입찰보증금 1억 5,000만 원을 날리게 생긴 홍길동 씨의 다급한 상황을 재구성해보았다.

앞의 사례처럼 시세보다 약 7,000여만 원 비싸게 감정된 것을 이유로 매각불허가신청 법원이 매각불허가신청을 받아줄 가능성은 희박하다. 입찰보증금을 날리고 재매각 시장에 등장하는 것은 시간 문제일 뿐이다.

만약 2021년 입찰일에 15억 5,000만 원에 낙찰받아 잔금 납부 포기를 고민하던 홍길동 씨가 필자를 찾아와서 문의했다면 다른 해답을 얻을 수 있었을까.

다른 처방에 의한 다른 결과를 만나게 해드릴 수도 있었을 것이다. 즉, 경매 법원도 어쩔 수 없이 입찰보증금을 돌려주어야 할 방법을 알려줄 수도 있었을 것이다. 보증금을 날릴 비참한 처지에 빠진 '최고가매수인'에서 경매판을 쥐고 흔들 수 있는 '경매 신청채권자'로 대변신하는 신의 한 수를 말이다. 처지가 완전히 다르게 신분 상승하는 방법을 알려주었을 것이라는 말이다.

필자가 선보이는 두 차원 높은 필살기

"이번에 낙찰받은 물건에 잔금을 납부하지 않으려고 하는데, 무슨 좋은 방법 좀 없나요?"

"왜요? 마음이 변하셨어요?"

"아파트에 입찰해서 보증금으로 낸 1억 5,000만 원을 돌려받을 방법 좀 찾아주세요!"

"매각불허가신청은 해보셨어요?"

"하기는 했는데 기각당했어요!"

"그러면 매각허가결정취소소송을 하시면 되잖아요?"

"승소한다는 보장도 없고, 또 항고보증금을 걸어야 하고 난감하네요."

"그래도 한번 해보시지요?"

"져버리면 항고보증금까지 날리잖아요. 변호사비용도 만만치 않고요."

"그렇기는 하지요!"

"무슨 방법이 없을까요?"

"세상일이라는 것이 문제가 있다면, 답이야 당연히 있죠!"

"매각불허가를 받을 수 있는 무슨 묘수라도 있다는 말씀이세요?"

"판을 한 번에 확 뒤집을 수 있는 기막힌 방법이 있습니다."

"그게 무슨 말씀이세요! 누가 무슨 판을 어떻게 확 뒤집어요?"

"경매 신청권자가 경매판을 확 뒤집는 거죠, 경매 신청권자가 경매를 취하시킨다는 말이죠."

"그런데 문제는 내가 경매 신청권자가 아니라는 것이잖아요!"

"경매 신청권자가 되면 되잖아요!"

"어떻게 그게 가능한가요?"

"제가 하라는 대로 하시겠어요?"

"이상한 방법이라면 못 하겠지만, 합법적이고 입찰보증금만 찾을 수 있다면 열 번이라도 당연히 말씀을 따르죠, 그런 해결책을 들으려고 뵙자고 했는데요!"

"입찰보증금 전액을 돌려받을 수 있는 확실하고도 분명한 방법이 하나 있습니다."

"네? 정말이세요? 그런 방법이 있나요? 지금까지는 아무도 알려주지 않았는데?"

"그런 사유로 매각허가취소소송을 해봐야 요즘은 별 의미 없어요. 경매 신청권자가 되어서 해결하는 것이 더 빨라요."

"'경매 신청권자'라니 어떻게 그럴 수 있냐니까요?"

"얼마든지 가능한 이야기예요!"

"이 물건에서 경매 신청권자는 '○○○상호저축은행'이라는 것은 아시죠?"

"그거야 저도 알죠. 그런데 어떻게 제가 경매 신청권자가 된다는 말씀이세요?"

"될 수 있고, 된다니까요!"

"저는 비싸게 낙찰받은 최고가매수인에게 불과하다니까요?"

경매 원인권리 인수로 경매 신청권자 되기

"참, 선생님도…. 그런 정도 실력으로 어떻게 십수억 원짜리 부동산에 응찰하시고 그러시나요!"

"야단은 나중에 하시고, 해결책을 좀 알려주세요!"

"싸게는 안 되는데!"

"장난치지 마시고! 살려주시는 셈 치고 제발 좀 도와주세요. 1억 5,000만 원이 왔다 갔다 한다니까요!"

"그러면 내가 알려주는 대로 하시겠어요?"

"아까도 말했잖아요. 합법적으로 내 보증금만 돌려받을 수 있다면 뭔들 못하겠어요?"

"그럼, 가압류로 경매를 신청한 '○○○상호저축은행'을 찾아 가세요."

"엥! 거기를 뭐하러 찾아가나요?"

"담당자를 찾아가서 자초지종을 이야기하시고 책임자를 만나게 해달라고 하세요."

"무슨 자초지종을 어떻게 이야기하라는 말씀이세요?"

"○○○저축은행이 가지고 있는 가압류를 팔라고 부탁하세요."

"뭘 누구한테 팔라고 부탁하라는 말씀이세요?"

"○○○저축은행이 가지고 있는 후순위 가압류를 선생님이나 아니면, 사모님한테 매각해달라고 부탁해보세요."

"박사님! 지금 제정신이세요? 내가 보증금 날아가게 생긴 마당에 남의 근저당권은 또 뭐하러 사요?"

"옛날 우화 중 '3년 고개' 이야기 아세요. 모르세요?"

"알죠! 그 고개에서 넘어지면 3년밖에 못 산다는 전설이 내려온다는 그 옛날이야기잖아요!"

"잘 아시네!"

"그거랑 경매 신청권자의 가압류(경매 신청권리)를 사라는 것이랑 무슨 상관이 있다고 웃으세요. 나는 진짜 숨넘어가고 있는데!"

"있지요. 있다마다요!"

"나는 정말 무슨 말인지 모르겠다니까요?"

"더 이상 일체 다른 말 하지 마시고, 가서 부탁하세요! 가압류액이 5,000여만 원이니, 300~500여만 원이면 가압류 권리를 살 수 있을 것입니다!"

"무슨 말인지 갈수록 태산이네!"

"그 정도 실력으로 무슨 경매를 하신다고 수억 원씩을 동원하고 그러시나요?"

"죄송하지만, 진짜 이해가 안 되어서요."

"○○○저축은행에 가서 강제경매 원인채권인 가압류를 매각해달라고 부탁해보세요. 원하면 경매 신청비용까지 물어줄 용의가 있다고 말하면 들어줄 것입니다."

"무슨 말을 하는지 도대체 이해가 가질 않아요."

"가압류를 사 오시라는 말씀입니다. 선생님한테 팔라고 부탁하라는 이야기입니다."

"그러니까 그게 무슨 말씀이세요? 미치겠네, 정말!"

손에 쥐여드려도 이해하지 못하는 낙찰자

"미치기는 내가 미칠 판입니다. 미치지는 마시고 천천히 잘 생각해보세요!"

"그럴게요. 좀 더 쉽게 설명해주세요!"

"이 물건의 경매 신청권자인 ○○○저축은행이 선생님한테 가압류를 이전했다고 합시다."

"좋아요. ○○○저축은행이 나한테 가압류를 이전했다고 뭐가 달라지나요?"

"그러면, 아주 다 끝난 거지!"

"도대체 뭐가 다 끝나요?"

"선생님이 가압류 인수하면 경매 신청권리도 따라오게 되잖아요!"

"그게 무슨 말씀이세요?"

"이 경우, 가압류권자가 경매 신청권자잖아요!"

"정말 그러네! 그건 그런데, 그런다고 뭐가 달라지나요?"

"경매 사건에서 가압류자도 경매 신청을 할 수 있고, 또 무엇도 할 수 있나요?"

"경매 신청권자는 경매 취하[10]도 할 수 있죠."

"새끼(경매 신청권)를 밴(가진) 암소(가압류)를 한 마리 샀어요. 나중에 암소가 새끼를 낳으면 송아지는 누가 주인이죠?"

"당연히 암소 주인이 송아지 주인이기도 하죠."

"바로 그거죠!"

"재미는 있는데 무슨 말인지 알듯 모를 듯합니다!"

"가압류 권리를 인수한 사람이 일단 경매를 취하하면 어떻게 되죠?"

"누가 경매를 취하하죠? 그리고 왜요!"

"누구긴 누구예요! 가압류 권리를 인수한 선생님이 취하하는 거지요."

"그러니까 왜 멀쩡한 경매를 취하하느냐, 이 말이죠!"

---

10) 경매 절차에서 '취하'는 경매 신청권자만이 할 수 있다. 어떤 이유로 경매개시결정이 선고된 강제집행 목적의 부동산에 대해 더 이상 그 집행을 하지 아니할 것을 경매 법원에 요청하는 절차다. 경매 신청이 취하되면 압류의 효력은 소멸하고 경매 절차는 종료한다.

"정말 모르시네~! 더 들어보세요. 내가 가압류를 인수해서 경매 신청권자가 되었으니, 내가 경매를 취하하는 데 아무런 문제가 없다는 것은 일단 이해가 되죠?"

"그거야 그렇죠!"

"즉, 경매가 취하되면 몰수했던 입찰보증금을 법원은 어떻게 처리하나요?"

"모르겠는데요!"

"정말 모르세요?"

"네!"

경매가 잔금 납부까지 진행되지 않고 도중에 취하 등으로 깨지는 경우, 그 사건에서 입찰보증금을 몰수당한 낙찰자가 있으면 날렸던 입찰보증금은 물론이고, 법원이 보관하고 있던 동안의 은행 이자까지 다 돌려준다. 어떤 사건에서 입찰보증금을 날린 사람이 두 명 이상이라고 한번 가정해보자.

두 사람 이상이 입찰보증금을 날린 경우

"점점 복잡해지네. 정신을 못 차리겠어요!"

"보증금을 몰수당한 사람이 두 사람 이상일 수 있어요. 그렇죠?"

"그럴 수 있겠지요!"

"이런 조건으로 취하되면 입찰보증금을 몰수당했던 사람이 두 명이든, 세 명이든 인원수와 관계없이 몰수금액을 모두에게 돌려주잖아요.”

“아하, 그렇구나. 우와, 놀래라! 정말로 감사합니다.”

“그쵸, 고맙죠~!”

“정~말 큰절이라도 한번 하고 싶습니다.”

“그러니까 경매 신청권리를 인수해서, 일단 경매를 취하해서 입찰보증금을 돌려받고 난 다음, 그다음에는 처음부터 경매를 다시 신청해서 ○○○저축은행 가압류 인수 당시 들어갔던 돈을 회수하면 산뜻하게 끝나는 거죠!”

“우와, 정말 그러네! 감사합니다. 정말 감사합니다!”

“이제야 이해가 되나요?”

“되다마다요. 되죠. 열 번이라도 되죠. 완전히 이해했습니다. 너무 고마워서 눈물이 다 나오려고 합니다!”

“그런다고 울지는 마시고요. 그동안 마음고생 한 거 생각하면 눈물이 나오는 것도 무리는 아니겠지만, 지금은 참으세요!”

“정말 그런 기가 막힌 방법이 있었네요!”

“스스로 정리 한번 해보세요! 할 수 있을 것 같아요?”

“충분히 혼자 할 수 있습니다! 그런데 조금은 걱정도 되네요.”

“뭐가 걱정된다는 말씀이세요?”

“이래도 되는가 싶어서요!”

“경매 채권자가 경매를 취하한다는데 못 하게 할 사람이 누가 있어요. 천하에 누구도 막을 수 없습니다.”

“그렇게 보이기는 하지만….”

"어떤 꼼수도 없이 한 치의 오차도 벗어나지 않고 오직 법대로 하는 것입니다."

"잘 알겠습니다!"

"이 방법을 동원하면 입찰보증금은 깨끗이 회수할 수 있습니다."

"내일이라도 당장 말씀대로 실행하겠습니다."

"궁금한 게 생기시면 언제든지 다시 물어보셔도 됩니다."

경매 법원이 먼저 연락해주지는 않는다

입찰보증금을 몰수당한 후에 취하, 취소 또는 기각되어 경매 절차가 종결되면 법원은 몰수해서 보관하고 있던 입찰보증금을 전 낙찰자(최고가매수인)에게 돌려주게 된다. 그런데 문제는 법원이 입찰보증금을 날렸다고 낙담하고 있을 이 사건의 전 낙찰자에게 먼저 기각(취하 또는 취소 포함) 사실을 통보해줄 의무를 가지고 있지 않다는 것이다. 법원이 입찰보증금을 몰수당한 사람에게 연락해서 찾아갈 것을 먼저 통지하지는 않는다. 그래야 하는 법조문이 없다. 규정에 없다. 그래도 요즘은 민원인에 대한 서비스 차원에서 담당 경매계장이 규정에는 없지만, 전화로 경매가 중단되었으니 날렸던 입찰보증금을 찾아가라고 알려주는 경우도 자주 있단다. 그러나 핵심은 당사자가 알아서 찾아가야 한다는 것이다.

입찰보증금을 떼인 전 낙찰자가 보증금 반환을 요청하면 돌려주지만, 요청하지 않고 5년이 지나가면 국고에 귀속되고 만다. 입찰보증금을 날려 속이 쓰린 사건이 혹시 있으면, 한 달에 한두 번이라도 경매 진행 상황을 체크해야 할 필요가 있다. 실무에서는 경매 기각(취하 또는 취소)일로부터 2주일 후부터는 몰수당했던 입찰보증금은 언제든지 찾을 수 있다.

기각된 경매 물건 담당 경매계장과 맞장 뜨기

낙찰자 : 경매4계지요?

경매계 : 네.

낙찰자 : 담당 경매계장님 좀 바꿔주세요?

경매계 : 어디이신가요? 전데요!

낙찰자 : 2020-12345 낙찰받았다가 입찰보증금을 몰수당했던 사람인데요.

경매계 : 아, 네! 홍길동 씨세요?

낙찰자 : 네?

경매계 : 용건을 말씀해보세요. 무슨 일이세요!

낙찰자 : 제가 응찰했던 2020-12345번의 경매가 기각되었다면 서요?

경매계 : 네. 기각된 것 맞아요. 3개월 전에 기각되었습니다.

낙찰자 : 그러면 제가 날렸던 입찰보증금은 어떻게 되나요? 돌려주어야 하는 것 아닌가요?

경매계 : 당연히 돌려드리지요. 신분증하고, 도장 가지고 언제든

지 찾으러 오세요.

낙찰자 : 그래서 계장님한테 한마디 좀 하려고요.

경매계 : 저한테요? 말씀해보세요!

낙찰자 : 경매가 기각(취하)되었으면 기각(취하)되었으니 입찰보증금을 찾아가라고 안내를 해주셔야 되는 것 아닌가요?

경매계 : 그걸 왜 우리가 합니까!

낙찰자 : 그러면 누가 합니까?

경매계 : 할 사람 없다니까요!

낙찰자 : 경매 법원이 해줘야 하는 것 아닌가요? 속 쓰린 사람에게 법원이 위로 차원에서라도 '이러저러하게 되었으니 몰수당했던 입찰보증금 찾아가시오' 하고!

경매계 : 나 원 참, 선생님, 그 물건을 응찰해 낙찰을 받으실 때 법원에 물어보고 받으셨어요?

낙찰자 : 그건 아니지만….

경매계 : 마찬가지입니다. 경매 과정의 모든 책임은 응찰자 본인에게 있습니다.

낙찰자 : 아무리 그래도 이럴 때는 말을 한 번 해주셔야지. 말을 안 해주면 어떻게 합니까?

경매계 : 말해줄 의무가 없다니까요. 바쁘니까 끊습니다.

낙찰자 : 그래도 전화 한 통이면 되는데?

경매계 : 어디가 예쁘다고 전화를 해달라는 말씀이세요!

낙찰자 : 생돈 수억 원이 왔다 갔다 하는 판국인데 너무 하시네요.

경매계 : 이해는 합니다.

낙찰자 : 밤잠 못 잔 것까지 따지면 약값까지 청구해야 할 판인
데! 아무튼 너무하시네요.

경매계 : 우리가 너무 한 거 아무것도 없습니다!

낙찰자 : 그 돈 날리게 생겼을 때는 꼭 죽을 맛이더라니까요?

경매계 : 이해합니다! 그렇다고 하더라고요!

낙찰자 : 제가 당해보니까 정말 그렇더라니까요?

경매계 : 막무가내로 돌려달라고 땡강 억지 부리는 사람도 가끔
있어요.

낙찰자 : 몰라서 못 찾아가는 사람도 있을 텐데요.

경매계 : 거기까지는 잘 모르겠고, 암튼 내일이라도 와서 찾아가
세요!

은행 이자까지 돌려준다

낙찰자 : 계장님, 안녕하세요. 어제 전화했던 2020-12345 낙찰
자 홍길동입니다.

경매계 : 아, 그러세요. 어서 오세요.

낙찰자 : 몰수당했던 입찰보증금 찾으러 왔습니다.

경매계 : 잘 오셨습니다. 알아서 찾아가시니 다행입니다.

낙찰자 : 그런데 좀 알려주시지, 너무 하셨어요!

경매계 : 알아서 찾아가시니 다행이라고 생각하시고 그냥 조용히
찾아가세요!

낙찰자 : 하나만 물어보겠습니다.

경매계 : 그러세요!

낙찰자 : 끝까지 안 찾아가면 그 돈, 법원이 가지나요?

경매계 : 에이, 무슨 말씀이세요!

낙찰자 : 그러면 불우이웃돕기 성금으로 써 버리나요?

경매계 : 아니요! 5년이 지나도 찾아가지 않으면 국고로 귀속된 다고는 하지만요.

낙찰자 : 그런가요?

경매계 : 그런 경우는 아직 보지 못했습니다.

낙찰자 : 그래도 가끔 그런 멍청이들이 있지 않을까요?

경매계 : 있을 수 있겠죠. 하여튼 경매가 중단되어 종료되었으니 그동안 이자까지 전부 청구하실 수 있습니다. 다행이고 좋으시겠어요. 그동안 보관 이자까지 다 쳐줍니다!

낙찰자 : 그런가요. 감사합니다.

경매계 : 출금 청구서 하나 작성하세요.

낙찰자 : 네, 여기 있습니다.

경매계 : 신분증 좀 주시고요.

낙찰자 : 여기 있습니다.

경매계 : 다 되었습니다. 이 출금증을 가지고 보관계로 간 다음, 구내은행으로 가서서 청구하면 됩니다.

낙찰자 : 좋아라~ 좋아. ♬~♪~♩~♬~♪~ 집 나간 암소가 새끼 낳아서 데리고 오는 기분이네요.

백전백승!
입찰보증금 회수 전쟁의
혁혁한 전과

"정말 감사합니다!"

"어떻게, 잘 되셨나요?"

"○○○저축은행에 가서 사정을 이야기했더니 이해해주시더라고요."

"그렇죠, 맞아요! 은행 측에서는 돈을 받는 것이 목적이니 안 해줄 이유가 없죠."

"경매 집행비용도 절반 부담한다고 했더니 흔쾌히 승낙하더라고요."

"큰 고비는 일단 잘 넘기셨네요."

"너무 감사합니다."

"잘하셨네요. 그래서 등기부 저당권은 이전하셨어요?"

"등기부등본 있습니다. 네. 집사람 앞으로 저당권이전 등기 완료했어요."

부동산 경매 취하서

사건번호 : 2020타경12345

채권자 : 홍 길동(010-341-****)

채무자 : 이 길동

위 당사자간의 귀원 2020타경12345호 부동산경매사건은 당사자 사이에

원만한 합의에 의해 별지목록부동산에 대한 경매신청을 취하하고자 합니다.

* 첨부서류 : 채권자 인감증명서 1통

202* 년 ** 월 ** 일

채권자 : 홍 길동(인)

"그럼 실제로는 이제 다 끝나셨네요?"

"경매계에 경매 취하서만 접수하면 다 되는 거죠?"

"네, 저당권이 이전 등기된 등기부등본 하나 하고, 사모님이 신분증과 인감증명서 하나, 인감도장을 지참하시고 가시면 됩니다."

"경매 취하서는 양식이 따로 있나요?"

"아니요. 만들어가셔도 되고요. 법원 민사집행관실에 가시면 취하서 양식이 준비되어 있습니다."

"접수하고 나서 한번 찾아뵙겠습니다!"

"경매 취하서 잘 접수시키고, 입찰보증금을 찾는 일부터 마무리 잘하세요."

"잘 알겠습니다!"

"경매 취하하러 가실 때 최고가매수인의 취하동의서도 하나 필요합니다."

"네! 그건 알고 있습니다. 내가 최고가매수인이니 그거야 아무것도 아니죠."

"맞습니다. 아무튼 참으로 다행입니다."

"이런 기막힌 방법을 알려주셔서 너무 감사합니다."

"그렇게 생각해주시니 저도 즐겁습니다. 아무튼 일 잘 처리하세요."

"다시 말씀드리지만 정말 너무 감사합니다."

"참, 하나 빠진 것이 있는데요. 경매 취하서를 접수시킨다고 바로 입찰보증금을 돌려주는 것은 아닙니다."

"그런가요? 시간이 오래 걸리나요?"

"아마 약 2주일 정도가 지나야 찾을 수 있습니다."

"그거야 아무것도 아니죠, 보증금 때문에 지옥을 몇 번이나 왔다 갔다 했는데요."

"그러셨을 겁니다. 잘 마무리하고 나서 연락 한번 주세요."

"그러고 말고요. 당연히 전화드리죠, 고대하고 계세요. 헤헤. 맛난 밥에 술대접하겠습니다!"

"취하서를 접수하고 나서 대법원 사이트에 접속하셔서 취하서가 잘 접수되었는지 확인하시고, 접수된 것으로 확인되면 다 되신 겁니다."

"잘 알겠습니다."

"그러면 수고 많이 하세요!"

4,300만 원짜리 점심

입찰보증금을 날릴 비참한 처지에 빠졌던 최고가매수인, 즉 낙찰자는 필자가 전수한 필살의 카운터 펀치 한 방을 날리면서 필자에게 감사의 점심을 대접했다.

"♬ ~ ♪ ~ ♩ ~ ♪ ~ ♭ ~ ♪ ~ ♪ ~ ♬ ~ ♬ ~ ♩ ~ ♪ ~ ♪ ~ ♬"

"그렇게 신나고 좋으세요?"

"그럼요. 박사님! 너무너무 감사합니다."

"잘 마무리되어서 참 다행입니다."

"박사님의 코치가 없었다면 눈 빤히 뜨고 4,300만 원 날릴 뻔했습니다. 발만 동동 구르면서 말입니다."

"그래도 선생님의 경우는 다행입니다. 운이 좋았다고도 볼 수 있고요!"

"친구 중에 대학병원에서 교수하는 암 전문의가 하나 있어요."

"아, 그러세요!"

"그 친구 말로는 환자가 전문의를 언제, 어떻게 만나느냐에 따라 치료 결과가 달라진다고 말했어요."

"그렇겠죠!"

"그런데 이번에 그 친구가 했던 말이 빈말이 아니라는 것을 확실히 깨달았습니다."

"무슨 말씀이세요?"

"이번에 이 건으로 우 박사님의 코치를 못 받았다면, 영락없이 입찰보증금을 날렸을 판이어서 드리는 말씀입니다!"

"아, 네."

"다시 한번 감사하다는 말씀을 드립니다!"

"대신 즐겁게 점심 사 주시잖아요?"

"이걸로는 너무 약소해요!"

"아니요! 충분합니다! 정말 괜찮습니다. 대신 이참에 공부는 많이 하셨죠?"

"너무나 많이 배운 것 같아요."

"보증금은 잘 찾으셨죠?"

"네! 말씀대로 정말 은행 이자까지 받았습니다."

"잘하셨어요!"

"인생 역전이라는 말이 있듯이, 그런 방법으로 경매판을 좌지우지할 수 있는 줄은 정말 몰랐습니다!"

"이제는 저당권을 실행해서 경매를 다시 신청하시면 됩니다."

"무슨 말씀이세요?"

"○○○저축은행의 저당권을 인수하면서 들어간 돈을 찾으셔야죠?"

"아, 그건 아직 급하지 않으니 정신을 좀 차리고 난 다음에 경매 신청을 하려고요!"

"서류나 절차는 확인해보셨죠?"

"네, 이미 알아보고 다 확인했습니다."

"일단 급한 불은 잘 껐으니, 지금부터는 천천히 하시면 됩니다."

"박사님! 제 생전에 오늘 먹는 점심이 가장 비싼 설렁탕을 먹고 있는 것 같아요."

"그렇네요. 저도 소화가 안 될 것 같아요. 한 그릇에 4,300만 원짜리라고 하시죠?"

2장

이런저런
경매 함정에
빠졌을 때
빠져나오기

1. 법정지상권이 성립하지 않는 대표적인 사례들

2. 법정지상권 성립여지 있는 물건, 요리하는 방법

3. 자료청구소송 하지 말고 지료확정소송을 하라

4. 낙찰받은 임야 지상에 분묘가 있어 골치 아플 때

5. 대위변제로 추가 부담이 발생하게 되었을 때

6. 특수법인 경매 물건은 '소유권이전동의서'가 필요

7. 강남 기획 부동산 회사에 당한 사람들도 우리 고객

다음의 내용으로 구성된 2장은 잔금을 납부해 소유권을 취득했지만 입찰 시 온전히 파악하지 못한 하자들로 인해서 피해가 발생할 가능성이 있는 경우에 알아두면 좋을 내용이다. 즉 잔금을 납부하고, 소유권 이전작업까지 완료했다면 그때부터는 오직 전진만이 있을 뿐이다. 어떤 하자가 있을 것이라고 예상했거나, 예상하지 못했거나 하는 것은 이제부터는 전혀 중요하지 않다. 추가 부담을 없애거나 아니면 최소화하는 것이 주된 과제다.

여러분은 혹시 도깨비나 귀신의 존재를 믿는가. 대명천지 21세기에 부동산학 박사라는 사람이 뜬금없이 도깨비, 귀신 타령이냐고 눈총을 날리는 분들도 계실 것이다. 믿거나 부정하거나 하는 것은 자유다. 필자 역시 확실하게 믿지도, 확실하게 부정하지도 못한다. 그렇다고 도깨비, 귀신 타령을 하자는 이야기는

더욱 아니다. 부동산 경매판에도 형체는 없으면서 존재하는지, 아닌지가 명확하지 않은 녀석들이 있다는 말이다.

지금부터 보게 될 주제들이 그런 녀석들이다. 싸움이라는 것이 실체가 명확하면 전선이 확실해지는 반면, 실체가 파악되지 않으면 어려운 싸움이 되고 만다. 지피(知彼)가 안 되기 때문이다. 그렇게 되면 백전백승(百戰百勝)은 고사하고 싸울 엄두조차 내지 못하게 된다. 이런 분들에게 해결책을 알려주는 것이 이 책의 목표다.

아울러 경매 물건의 하자를 오히려 투자 지렛대로 사용하는 방법을 살펴보자. 매각 물건의 하자는 싼 가격에 낙찰받을 수 있는 조건이다. 먼저 건물만 경매되는 경우를 살펴보도록 하자. 토지별도등기에 건물만 경매되는 경우가 가끔 있다. 법정지상권 성립 여지 있는 물건의 경우와는 정반대라고 보면 된다. 집합건물인가, 아니면 단독 건물인가에 따라 대응 방법이 달라진다. 대지권 없는 집합건물을 낙찰받고도 토지소유자(대지지분권자)에게 큰소리치는 방법을 함께 살펴보도록 하자.

잔금 납부 전과 후는 천지 차이다

경매 신청권리를 인수해서 경매 입찰보증금을 날릴 위기에 처한 전 낙찰자가 '얼마든지 경매를 취하시킬 수 있다'라는 내용을 읽고 놀라 입을 다물지 못하는 많은 분들의 모습이 눈에 선하다. 충분히 이해된다. 경매 응찰로 입찰보증금을 한 번이라도 날려본 적이 있는 분들은 '입찰보증금'을 날렸을 때 받은 고통의 트라우마 때문에 아직도 몸서리를 치고 계실 것이다.

필자는 앞에서 잘못된 응찰로 날릴 위기에 처한 '입찰보증금'을 회수하기 위한 합법적인 방법을 보여드렸다. 그러나 지금부터 소개하는 내용에 대해서도 충격의 여파가 만만치 않을 것이다. 2장에서부터는 수면 아래에 자리 잡고 있는 빙산의 90%를 다루겠다. 즉, 경매 잔금 납부로 소유권 취득 후에 발생하는 감당하기 어려운 문제들을 살펴본다.

지금부터는 잔금 납부 전인 1장과는 다르게 사실상 퇴로가 없다. 피할 방법이 없는 상황이다. 여기서부터는 입찰보증금 10%의 문제가 아니다. 잔금을 납부하고, 소유권 이전 작업까지 완료했다면, 그때부터는 오직 전진만이 있을 뿐이다. 어떤 하자가 있을 것이라고 예상했거나, 예상하지 못했거나 하는 것은 이제부터는 전혀 중요하지 않다. 추가 부담을 없애거나, 아니면 최소화시키는 것이 주된 과제다.

경매 전체의 암 덩어리들을 살펴보자

경매 전체의 암 덩어리들을 살펴보게 되는 2장부터는 부동산 등기부 외 권리에 문제가 생겼을 경우다. 법정지상권의 성립여지가 있는 경우, 누군가의 대위변제로 추가 부담이 발생하게 되었을 때, 유행처럼 번지고 있는 유치권신고 있는 물건, 시골의 임야 물건을 낙찰받으면 약방의 감초처럼 등장하는 분묘기지권, 체납관리비 문제, 어디서부터 시작해야 할지 난감하기만 한 명도 문제, 배당표가 잘못되어 추가 부담을 해야 할지 모르는 경우도 곁들여 고민해보자. 성공적인 경매 투자자가 되려면 카멜레온이 되어야 한다. 예상하지 못한 어떠한 돌발 상황에서도 완벽하게 적용할 수 있어야 한다. 현장 적응 능력이 떨어지는 것에 비례해 수익률도 떨어지는 것이 경매이며, 또한 경우에 따라서는 목숨까지도 위태로운 것이 법원 경매다. 법정지상권 성립여지 있거나, 유치권신고 있는 물건을 낙찰받아 그 뒤처리를 하는 과정에서 순간순간 급박하게 변하는 상황에 대처하는 기본적인 방법을 보여드리겠다.

실체가 없는 자들과의 싸움

여러분은 혹시 도깨비나 귀신의 존재를 믿는가. 대명천지 21세기에 부동산학 박사라는 사람이 뜬금없이 도깨비, 귀신 타령이냐고 눈총을 날리는 분들도 계실 것이다. 믿거나 부정하거나 하는 것은 자유다. 필자 역시 확실하게 믿지도, 확실하게 부정하지도 못한다. 그렇다고 도깨비, 귀신 타령을 하자는 이야기는 더욱 아니다. 부동산 경매판에도 형체는 없으면서 존재하는지, 아닌지가 명확하지 않은 녀석들이 있다는 말이다.

지금부터 보게 될 주제들이 그런 녀석들이다. 싸움이라는 것이 실체가 명확하면 전선이 확실해지는 반면, 실체가 파악되지 않으면 어려운 싸움이 되고 만다. 지피(知彼)가 안 되기 때문이다. 그렇게 되면 백전백승(百戰百勝)은 고사하고 싸울 엄두조차 내지 못하게 된다. 이런 분들에게 해결책을 알려주는 것이 이 책의 목표다.

법정지상권이 성립하지 않는 대표적인 사례들

법정지상권[11]이란, 법률이 규정하고 있는 일정한 요건들을 갖추었을 때 성립한다. 민법 제366조 법정지상권의 성립 규정과 대법원 판례를 정리하면 다음과 같이 요약할 수 있다.

① 토지저당권 설정 당시 건물이 존재해야 하고,
② 저당권 설정 당시 토지와 건물의 소유자가 동일인이어야 하며,
③ 토지와 건물 중 어느 하나 이상에 저당권이 설정되어 있어야 하고,
④ 법원 경매나 매매로 인해 토지와 건물의 소유자가 달라져야 하고,
⑤ 당사자들끼리 법정지상권을 부정한다는 특약이 없는 경우에 성립하게 된다.

---

11) 민법상 법정지상권의 존속기간에 관해서는 아무런 명문 규정이 없다. 다만 존속기간을 정하지 않는 일반 지상권의 경우에 준해 최단존속기간을 법정지상권의 존속기간으로 본다. 따라서 법정지상권이 성립하면 석조·콘크리트조 등 견고한 건물이나 수목의 소유를 목적으로 하는 경우 30년, 그 밖의 건물 소유를 목적으로 하는 경우 15년, 기타 5년으로 한다.

이 책을 읽는 독자들이라면 이미 숙지하고 있을 내용이다. 이론적으로는 이 다섯 가지 조건을 다 충족했을 때 비로소 성립하는 권리지만, 현실에서는 그렇지 않다. 성립 여부에 관한 상황 판단에 자의적인 대목이 많다. 먼저 법정지상권이 성립하는 경우를 살펴보자.

서울동부5계 2001타경18568번은 법정지상권 성립여지 있는 경매 물건을 20여 년 전에 필자가 서울 광진구에 있던 단독주택을 깔고 있던 대지만을 낙찰받았던 투자 사례.

법정지상권이 성립하는 동부5계 2001타경18568

"하 선생님, 대지를 낙찰받은 사람입니다."

"법정지상권 성립하는 거 알고 낙찰받으셨죠?"

"그래서 드릴 말씀이 있어서요!"

"지료 이야기를 하시려고 그러시나요?"

"잘 아시네요. 그러면 여러 이야기는 하지 않겠습니다!"

"월 얼마로 할까를 정하자는 말씀이신가요?"

"그렇죠!"

"법원에 지료 소송으로 부탁해서 정해지는 대로 합시다!"

"법원까지 갈 일 있나요. 서로 합의하면 되죠?"

"그래요! 그러면 우 선생이 받고 싶은 금액을 먼저 말해보세요."

"하 선생님이 생각하는 금액부터 말씀하시죠!"

"받을 사람이 먼저 말을 해야 거래가 성사될 거 아니에요! 나는 줄 각오하고 있으니!"

"감정가격의 8%는 어떠세요?"

"5%로 합시다."

"그러면 제가 좀 양보할 테니 6%로 합시다!"

"알았소, 그렇게 합시다."

지금부터는 법정지상권이 성립하지 않는 경우의 경매 물건을 해결하는 방법을 살펴보도록 하자.

법정지상권이 성립하지 않는 경우 두 가지

첫째, 저당권을 설정할 당시, 대지 위에 건축물이 없는 경우다. 이 경우는 법정지상권이 성립하지 않는 대표적인 경우로, 이 분야를 공부한 독자들은 쉽게 이해할 수 있다.

"경매 때문에 무슨 문제가 생기셨나요?"

"조그마한 것 하나를 낙찰받으려고 하는데, 잘만 하면 복덩어리가 될 것 같기도 하고!"

"이제는 드디어 형님도 경매 투자를 하세요?"

"그게 아니고, 우리 동네에 반값에 나온 물건이라고 누가 말해서 관심 좀 가져보려고."

"사건 번호를 알려줘보세요."

"고마워! 한번 봐주시게. 내가 술 한번 살게!"

"확인하고 연락드릴게요. 그때 한번 보시죠."

토지등기부를 살펴보았더니 토지저당권 설정 당시에 지상에는 건물이 없었다. 법정지상권이 성립하지 않는 대표적인 유형이다.

"이 물건은 법정지상권이 성립하지 않을 것 같은데요!"

"다른 사람도 그렇게 말해서 확인차 내가 한번 물어봤어!"

"그런데 문제는 법정지상권은 생기지 않겠지만, 나중에 건물을 어떻게 요리할지는 미리 좀 따져보아야 할 것 같아요."

"잘 알겠어!"

"응찰 한번 해보시게요?"

"그래, 한번 해보려고."

"잘해보세요. 물건은 전체적으로 나쁘지 않네요!"

둘째, 토지저당권 설정 당시 건축물이 있었지만, 건물 신축을 위해 구건물을 멸실시키고 새롭게 건물을 신축한 다음, 경매가 진행된 경우다. 결론부터 말씀드리면, 이 경우에도 법정지상권은 성립하지 않는다. 이 부분에 대해서는 경매 공부를 상당히 하셨다는 독자나, 전문가들도 의외로 혼동을 일으키게 된다.

"명륜동 대지를 낙찰받은 사람입니다!"

"경매는 처음 하시나 보죠?"

"그거야 나도 모르지요."

"아시죠? 법정지상권 성립한다는 거?"

"1절만 아시고 2절은 모르시네요?"

"느닷없이 무슨 노래 타령인지…!"

"이 판례를 한번 읽어보시고 이해가 되면 연락주세요."

"뭐요. 이게?"

"이 물건처럼 대지에 저당권이 설정되어 있는 도중에 건물을 헐고 새 건물을 신축한 경우에는 법정지상권이 성립하지 않는다는 대법원 판례입니다."

"법정지상권인가 뭔가가 성립하지 않으면 어쩌겠다는 말이요?"

"어쩌겠다는 말이 아니고 그렇다는 말입니다."

이 경우도 법정지상권이 성립하지 않는 경우다. 낙찰 후 건물철거 소송 등을 통해 마무리 작업을 하게 된다.

법정지상권 성립여지 있는
물건, 요리하는 방법

하자를 지렛대로 활용할 줄 알면 된다. 경매를 통해 부동산을 가장 싼 가격에 구입할 수 있는 조건이다. 먼저 건물만 경매되는 경우를 살펴보도록 하자. 토지별도등기에 건물만 경매되는 경우가 가끔 있다. 법정지상권 성립여지 있는 물건의 경우와는 정반대라고 보면 된다. 집합건물인가, 아니면 단독 건물인가에 따라 대응 방법이 달라진다. 난이도가 높다. 대지권 없는 집합건물을 낙찰받고도 토지 소유자(대지지분권자)에게 큰소리치는 방법을 함께 살펴보도록 하자.

건물에 최선순위로 방어막을 설정

이 물건은 집합 건물로 대지권은 없이 건물만 경매에 나온 경우다. "그럴 수 있냐?"라고 반문하시는 분들도 계시겠지만, 얼마든지 가능한 경우다.

"이런 물건 낙찰받으면 토지 소유자한테 법적으로 몰리지 않나요?"

"그렇게 보세요? 그럴 수도 있고 아닐 수도 있습니다!"

"토지 소유주(대지지분권자)한테 몰린다고 알고 있습니다."

"맞습니다! 그러니까 그럴 수 있다고 말했잖아요!"

"아닐 수 있다고도 하셨는데요?"

"그럼요. 상태에 따라서는 얼마든지 아닐 수도 있죠!"

"토지주가 지료를 이유로 건물을 가압류해서 강제경매 넣겠다고 하면 건물주는 난감해지지 않나요?"

"이런 물건은 오히려 거기에 투자 포인트가 있죠!"

"아, 그래요?"

"그럼요!"

"말씀해주시겠어요?"

"건물 소유권을 취득하자마자 나중의 낙찰가격을 예상해서 무잉여가 날 만큼을 저당권 등으로 먼저 잡아버리는 거죠!"

"무슨 말인지 정말 모르겠는데요?"

"잘 생각해보시면 이해할 수 있습니다."

"실제로 채권 채무관계로 '저당권' 등을 설정한다는 말씀이세요?"

법정지상권 성립여지 있는 물건, 요리하는 방법 네 가지

대(토)지와 건물 중 대(토)지만 경매에 나온 법정지상권 성립할 여지가 있는 물건에는 '지상에 입찰 외 건축물 있음'이라는 문구가 표시된다. 법정지상권이 성립할 여지가 있는 물건에 응찰하는 경우 '법정지상권'은 성립한다는 전제하에서 입찰 전략과 가격을 결정해야 한다. 이런 정도는 처리할 줄 알아야 비로소 경매 고수라는 명함을 내밀 수 있다.

법정지상권이 성립하는 경우가 아니라면 지상건축물철거소송 등을 통해 토지 사용권을 회복할 수 있다. 대지와 분리된 건물만을 낙찰받은 경우에는 지상 건물의 철거소송에 휘말릴 수도 있다. 토지를 낙찰받았을 때와 건(축)물을 낙찰받았을 때를 동시에 설명했다.

법정지상권 성립할 여지가 있는 물건을 낙찰받았을 때 손해 보지 않고, 또는 망하지 않고 살아나오는 방법은 다음과 같이 네 가지로 구분된다. 이 물건 역시 필자가 낙찰을 받았던 실제 투자 사건으로, 서울중앙법원 2002타경18931[3]이다.

1. 토지를 낙찰 후 지상의 건물 등을 일반매매로 구입하는 방법

법정지상권이 성립하면 토지 소유자는 건물 소유자에게 토지 사용료인 지료를 청구할 수 있는데, 이런 물건에 투자하는 사람들의 최종목표는 지료가 아니고 건물이다. 즉 경매 고수들의 진짜 목적은 토지만을 낙찰받고 마는 것이 아니라, 차후에 건물의 소유권까지 취득하려는 것이다. 초보자들의 눈에는 복잡하고 뭔가 함정이 있을 것처럼 보여 엄두조차 나지 않는 경우가 대부분이지만, 고수들은 알짜 물건에 응찰해 톡톡히 재미를 본다.

"광희동 대지 낙찰받은 법인의 대표입니다. 홍길동 선생님이시죠?"

"저한테 무슨 볼일 있나요!"

"건물 부분에 관해서 드릴 말씀이 있다고 했잖아요."

"그래요! 말해보세요!"

"지료도 밀려 있고, 시간이 지난다고 밀린 지료를 어차피 납부할 의향도 없으시잖아요?"

"아시네! 계속 말씀해보세요!"

"그래서 건물을 저희한테 매각하시면 어떨까 해서요?"

"그러니까 건물을 선생네 회사에 팔아라, 그 말이네요!"

"그렇죠!"

"좋소, 가격만 맞으면 팔지 않을 이유도 없소. 나도 돈도 없고!"

"받을 가격을 적당히 말해보세요."

"그래요. 그러면 내가 중개사무소에 가서 대강 매매시세를 알아보고 전화하리다!"

이른바 경매 고수들이 자주 사용하는 법정지상권 성립여지 있는 물건의 투자 방법이다. 먼저 토(대)지를 법정지상권이라는 하자를 이용해서 싸게 들어 올린 다음, 건물은 일반매매로 사들이는 방법이다. 법정지상권을 한 방에 무너뜨리는 'One Set' 전략이다. 토지 소유자와 건물 소유자가 '토지 경매 → 건물 매입'을 통해 동일인이 되어 법정지상권 문제가 깔끔하게 해소되는 것이다.

2. 토지 낙찰 후 건물 소유자에게 토지를 매각하는 방법

이 물건 역시 필자가 낙찰을 받았던 실제 투자 사건으로, 서울중앙법원 2000타경52395와 서울동부법원 2001-12021, 두 건의 투자 사례다.

"사장님! 땅을 제발 저희에게 좀 팔아주세요."

"그러니까 제가 낙찰받은 땅을 다시 되팔라는 말이세요?"

"그래요. 싸게 샀으니 조금 얹어드릴 테니까 좀 도와주세요. 아시다시피 나쁜 짓 하다가 땅을 경매당한 거 아니잖아요!"

"제가 안 판다고 하시면 어쩌시려고?"

"그러지 마시고 저희 부탁을 좀 들어주세요!"

"그러면 저도 생각을 좀 더 해보고 연락드릴게요."

"다른 생각은 절대 마시고 결정해주세요!"

"일단 생각해보고 연락드린다니까요. 그러면 평당 얼마를 주시겠어요?"

"낙찰받은 가격의 딱 두 배 드릴게요. 그러면 저희도 성의 표시는 한 거잖아요."

"그렇게 보면 그렇지만, 시세로 보면 절반 조금 넘는 가격이잖아요!"

"좀 도와주세요!"

"저도 손해는 보면 안 되잖아요."

"누가 손해를 보라고 했나요. 조금만 도와주시라는 이야기입니다."

"아무튼 생각해보고 전화할게요!"

경매를 하는 사람들 사이에서 많이 사용되는 방법으로, 낙찰받은 토지를 건물주에게 매각하는 방법이다. 이 방법은 법정지상권 성립 여지 있는 물건을 낙찰받아 해결하는 방법 중 가장 효과적인 방법 이다. 이유는 몇 건을 낙찰받아 매각해도 한 번도 주택을 거래하지 않았다는 것이 되기 때문이다.

만약에 자기 명의로 된 주택을 평생 단 한 번도 가져본 적이 없는 독자들은 좀 더 주목하길 바란다. 법정지상권이 성립할 여지가 있는 물건인 토지는 아무리 낙찰받아 소유권 취득 후 매매를 통해 거래 해도 여전히 무주택자라는 점이다. 명심할 사항이다.

여러분이 더 잘 아시겠지만, 평생 무주택자가 최초로 주택을 구입 할 때는 국가에서 여러 혜택을 많이 준다. 쉽게 놓칠 수 없는 매력적 인 부분들도 많다. 경매 배운다고 작은 빌라, 연립주택을 하나 낙찰 받아 무주택자의 혜택을 쉽게 써 버릴 일이 아니다. 우리나라는 부 동산 거래의 비정상적인 거래자, 즉 투기자 여부로 판단하는 기준이 보유하고 있는 주택(지붕) 갯수다. 부동산 경매를 하다 보면 주택 수 늘어나는 것이 눈덩이 불어나듯 금방이다. 너무 쉽게 다주택자가 되어버리는 경우가 흔하다. 졸지에 투기자로 몰리는 것은 순식간이다. 각별히 주의해야 할 대목이다.

3. 지료 확정 후 건물 등을 해결(매입)하는 방법

필자가 실제로 낙찰받았던 서울중앙법원 2000타경52395건이다. 앞의 2번 방법에서 한 발 더 나아간 사건이다. 즉, 대지 낙찰 후 건물주가 지료를 주지 않아 밀린 지료를 원인으로 건물을 가압류해서 강제 경매 넣어서 마무리한 사건이다.

"밀린 지료로 건물에 가압류를 하셔야 속이 후련하시겠어요."

"그건 아니지만, 돈이 없다니까요. 지료 줄 돈 있었으면 땅을 날렸겠어요?"

"이해는 하지만 아무튼 지료를 송금하지 않으면 건물을 강제경매 넣겠습니다."

"너무 그렇게 막 몰지 마세요!"

"그러면 이렇게 하면 어떨까요?"

"방법이 있으면 말해주세요!"

"말하면 들어주시겠어요?"

"무슨 내용인지를 일단 들어봐야 할 것 아닌가요? '무작정 이렇게 하자' 그러면 누가 대답하겠어요?"

"그동안 밀린 지료는 없는 것으로 할 테니, 건물을 저희에게 넘기세요!"

"공짜로 달라는 말이세요?"

"아니요. 시세대로 사겠다는 말입니다."

"그러니까 돈을 얼마 받고 소유권은 넘기고 이사 가라 그 말이 네?"

"얼마라도 받으시잖아요. 만약에 경매로 가게 되면 저희는 지료 다 받을 수 있어요. 그만큼 손해잖아요. 제안이 그렇게 나쁘지는 않습니다! 잘 생각해보세요!"

4. 법정지상권을 무력화시킨 후 건물 강제 철거하는 방법

이 방법은 필자가 해본 적은 없지만, 필자 주변에서 실제 일어난 투자 사례로, 서울동부법원 2001타경3898번과 서울동부법원 2010타경18885이 같은 부동산의 대지와 건물이 시간을 두고 경매당해 다른 소유자에게 넘어간 사건이다. 참고로 필자가 서울동부법원 2001타경3898번으로 대지만 경매될 때 응찰해서 최고가매수인까지 되었지만, 잔금 납부 전에 경매가 취하되어 소유권 취득까지는 하지 못했다. 대지에 응찰했을 때가 2002년 5월이었다. 20여 년 전 일로, 경매 사건 번호를 직접 검색해봐도 좋다. 특히 건물만 경매가 진행된 서울동부법원 2010타경18885을 검색해보면 '건물철거화해결정문'이 경매 법원에 제출된 것을 볼 수 있을 것이다.

독자 여러분도 느끼셨겠지만, 민사소송(재판)이라는 것은 항상 상대적이다. 대법원 판례를 포함한 법정지상권에 관련된 수많은 기존

판례들 역시 참고사항에 불과하다. 투자 자금이 부족하거나 경험이 많지 않은 독자들에게 수익성만 강조하고, 권하는 무책임한 행동은 하지 않겠다. 법정지상권의 성립여지 있는 물건이나, 지분 투자 물건은 소액으로 투자가 가능할지는 몰라도 시간과의 싸움에서 버티지 못하면 절대 성공할 수 없는 투자 방법이다. 이런 하자들을 지렛대(?)로 활용하라는 책들이 시중에 범람하지만, 자칫하다가는 지렛대가 부러져버리는 상황을 경험할 수도 있다. 상대방과의 지리한 시간 싸움에서 버티지 못하면 말이다.

평생 어쩌다 한 번 만날까 말까 하는 특이하기 이를 데 없는 대법원 판례를 금이야 옥이야 하는 분들도 계시지만, 투자에는 별로 도움이 되지 않는다는 것이 필자의 판단이다. 필자의 경험상 법정지상권 성립여지 있는 물건의 해결 방법은 결국 시간과 돈의 싸움이었다. 조금씩 양보해서 대화로 해결하고, 가능하면 자제하는 것이 서로에게 도움이 되지만, 결국에는 법에 호소해야 하는 상황이 올 수도 있다. 그리고 그 결과, 누군가는 치명상을 입게 된다.

지료청구소송 하지 말고
지료확정소송을 제기하라

지료(地料)[12]

부동산 경매 공부를 좀 하셨다는 분들은 '지료 이야기'를 하는 것을 보니 '법정지상권'이라는 가시를 제거하자는 내용이겠구나 하고 이해하셨을 것이다.

어떤 부동산의 대(土)지와 건물 또는 수목이 동일인의 소유였다가 매매·증여·경매 등으로 소유자가 달라지는 경우가 있다. 이때 새로운 대(土)지 소유자가 자신의 권리를 주장하면서 대(土)지 위의 지상 건물을 철거해달라고 하면, 새 건물이라도 법적으로는 철거할 수밖에 없는데, 이는 국가적인 낭비가 아닐 수 없다. 이를 방지하기 위

---

12) 남의 토지를 이용하는 사람이 그 대가로 토지의 소유자에게 지불하는 금전이나 기타의 물건

한 수단으로 민법상의 법률 규정 외에 법이 규정한 일정한 요건을 갖춘 경우, 건물이나 수목의 소유자에게 법적으로 지상권을 인정해 줘 대(토)지의 사용권을 확보해줌으로써 건물이나 수목의 존립을 보호하는 권리가 바로 법정지상권이다.

매매나 경매 등으로 건물 소유권을 취득한 사람에게 법정지상권이 성립하게 되면, 토지 소유권을 가진 사람(지상권설정자)은 해당 토(대)지를 온전히 사용할 수 없다. 이때 토지 소유자는 건물 소유자에게 토지 사용료인 지료를 청구할 수 있다.

지료는 양 당사자 간의 약정에 의해 결정되고, 합의되지 않을 경우, 일방 당사자의 청구에 따라 법원이 결정한다. 법정지상권이 성립하지 않을 때는 건물철거소송 등을 통해 토지 사용 방법을 확보할 수 있다. 또 일단 성립했던 법정지상권에 대해 지상권자(건물주)가 지상권설정자(토지주)에게 법정 지료를 2기(연) 이상 납부하지 않아도 법정지상권은 부정된다.

법정지상권 성립요건

법정지상권이란, 법률이 규정하고 있는 일정한 요건들을 갖추었을 때 성립한다. 민법 제366조 법정지상권의 성립 규정과 판례를 보면 그 요건은 다음과 같다. 앞에서 살펴봤지만, 다시 한번 보기로 한다.

① 토지저당권 설정 당시 건물이 존재해야 하고,

② 토지와 건물의 소유자가 동일인이어야 하며,

③ 토지와 건물 중 어느 한쪽 이상에 저당권 등이 설정되어 있어야 하고,

④ 법원 경매나 매매로 인해 토지와 건물의 소유자가 달라져야 하고,

⑤ 당사자 사이에 법정지상권을 부정한다는 규약이 없는 경우에 성립한다.

존속기간에 관해서는 명문 규정은 없다

민법상 법정지상권의 존속기간에 관해서는 아무런 명문 규정이 없다. 다만 존속기간을 정하지 않은 일반 지상권의 경우에 준해 최단 존속기간을 법정지상권의 존속기간으로 본다. 따라서 법정지상권이 성립하면 석조·콘크리트조 등 견고한 건물이나 수목의 소유를 목적으로 하는 경우 30년, 그 밖의 건물 소유를 목적으로 하는 경우 15년, 기타 5년으로 한다.

법정지상권 성립여지 있는 물건의 경매에는 목적물은 대지 또는 건물 어느 한쪽만이 경매 목적물이고, 경매 정보지에는 '입찰 외'라는 표현으로 특별매각조건이 기록된다. 이때 지상의 건물은 정상적인 건물이든, 무허가 건물 또는 미등기 불법건축물이든 상관없이 앞

에서 설명한 요건들을 갖추고 있다면, 일단 성립한다는 것을 전제로 권리분석을 하고 투자 전략을 세워야 한다.

지료확정소송으로 시간과 비용을 단축하라

"제가 다른 책에서 '법정지상권' 대목을 설명하는 부분에서 좀 과격한 표현을 사용한 적이 있습니다."

"무슨 말씀이세요?"

"독자 여러분들께 지금 가지고 계신 권리분석 책 중 '법정지상권'의 지료 문제를 설명하는 대목에서 혹시라도 '지료청구소송'을 하라고 쓴 책은 찢어버리셔도 된다고 설명한 적 있습니다."

"왜 그런가요?"

"미안하지만 그렇게 책을 쓴 저자는 제 판단으로는 '법정지상권' 성립여지 있는 경매 물건에 직접 투자해본 적이 없이, 오로지 인터넷이나 남의 책을 그대로 베낀 것이라는 확신이 있기 때문입니다."

"저자 자신은 법정지상권 성립여지 있는 물건에 투자해보지 않고 남의 이야기만 써서 영혼이 없다는 이야기인가요?"

"법정지상권 성립여지 있는 물건을 직접 투자해본 사람은 절대 그런 말을 할 수 없습니다. '지료청구소송'과 '지료확정소송'은 시간과 비용 면에서 근본부터가 다릅니다."

"어떻게 다른가요?"

"일단 소송이 단기간에 끝이 납니다."

"'지료확정소송'이 그렇다는 말씀이신가요?"

그 말이 그 말 같다고 생각하시겠지만, 양자의 차이는 크다. 지료청구소송은 법원에 지료를 달라고 요청하는 소송이지만, 지료확정소송은 법원에 해당 대(垈=땅)지의 사용 가치를 '돈'으로 확정만 해달라고 요청하는 것이다. 차이는 시간과 비용에 있다. '지료확정소송'은 한 차례 심리로 재판이 종결되지만, '지료청구소송'은 지상권 설정자가 재판 결과에 승복하지 않으면 대법원까지도 갈 수 있다.

필자가 가시 빼냈던 법정지상권 요리 방법

"'지료확정소송'에 대해서 이야기 좀 해주세요!"

"앞에서도 서너 건 보여드린 사례를 포함해서 제가 지금까지 법정지상권 성립여지 있는 대지만을 낙찰받은 것이 총 일곱 건입니다."

"그중 하나라는 말씀이시죠?"

"처음에는 저도 다른 권리분석 책에서 공부한 대로 '지료청구소송'을 했습니다."

"그렇게 하면 무슨 문제가 있나요?"

"시간과 돈이 몇 배 더 듭니다."

"정답이 아니라는 이야기죠?"

"지료확정소송 법정 현장을 보여드리겠습니다."

판　사 : 홍길동 씨가 대지를 낙찰받아 지료를 확정해달라고 청구한 소송을 시작하겠습니다. 먼저 원고 홍길동 씨 나오셨죠?

홍길동 : 네!

판　사 : 피고 이길동 씨 나오셨나요?

이길동 : 네, 출석했습니다.

판　사 : 먼저 원고 홍길동 씨가 발언해보세요.

홍길동 : 제가 서울 광진구 구의동 소재 이길동 씨가 채무자였던 경매 사건에서 대지를 낙찰받아 지료를 달라는 내용증명을 여러 차례 보냈는데, 이길동 씨는 지료 액수 자체를 인정할 수 없다고 해서 부득이 법원에 지료 액수를 확정해달라는 청구를 하게 되었습니다.

판　사 : 이길동 씨, 지금 홍길동 씨가 하는 말 잘 들으셨죠, 홍길동 씨 말이 맞나요?

이길동 : 맞습니다. 제가 살고 있는 집의 대지를 홍길동 씨가 낙찰받은 것은 맞고, 지료를 달라고 연락한 것도 맞는데, 홍길동 씨가 달라고 하는 지료 액수를 도저히 받아들일 수 없습니다.

판　사 : 사실관계는 인정하신다는 것으로 이해하겠습니다. 홍길동 씨 주장을 받아들일 수 없는 이유를 말씀해보세요.

이길동 : 달라는 금액이 터무니없습니다. 경매 감정가격이 4억 원 가량인데 절반 정도인 2억 원에 낙찰받아놓고는, 지료는 4억 원에 대해서 달라고 하는 것은 칼만 안 들었지, 강도

가 하는 짓과 마찬가지라고 생각합니다.

판　사 : 홍길동 씨에게 묻겠습니다. 이길동 씨가 하는 말이 맞나요?

홍길동 : 낙찰을 얼마에 받았는지가 중요한 것이 아니고, 중요한
　　　　것은 그 땅의 감정가격입니다. 감정가격에 맞추어서 지
　　　　료를 달라는 것인데, 무슨 잘못이 있나요?

판　사 : 알겠습니다. 더 하실 말씀 없으시면 이것으로 심문을 종
　　　　결하겠습니다.

지료확정을 위한 감정료를 납부하란다

판　사 : 지료 확정을 위해 감정을 해야 하니 홍길동 씨는 법원에
　　　　서 감정료 납부 통보가 가면 감정료를 납부해주시기 바
　　　　랍니다.

홍길동 : 경매할 당시 감정한 대지 가격이 있는데, 또다시 감정을
　　　　한다는 말인가요, 판사님?

판　사 : 네, 그렇습니다. 저희도 경매 감정서를 가져다가 지료확
　　　　정 원인 자료로 사용하고 싶지만, 그렇게 했다가는 민원
　　　　이 제기될 수도 있고, 민사소송법 절차에도 규정이 있어
　　　　규정대로 해야 합니다. 이해해주시면 좋겠습니다.

홍길동 : 알겠습니다.

판　사 : 감정료 납부 통지서에 기재된 금액을 납부해주시면, 최
　　　　대한 빨리 결론을 내드리겠습니다.

'지료확정소송'은 통상 한 차례 심문으로 심리가 종결된다. 시간이 걸릴 이유가 없다. 이 책의 독자들이 투자하는 정도의 법정지상권 성립여지가 있는 물건이라면 변호사까지 선임할 일도 없다. 사실관계만 정확히 정리할 수 있다면 말이다. 해당 경매 사건의 경매정보지, 잔금 납부영수증, 소유권이전된 등기부등본, 지료를 청구한 내용증명 정도를 바탕으로 '지료확정소송'이라는 제목의 소장을 작성해 송달료와 인지대를 납부한 영수증을 첨부해서 해당 경매 물건의 관할 법원에 제출하면 된다.

법정지상권 성립여지 있는 경매 물건의 토(대)지를 낙찰받은 경매 물건에 대해서 지료확정소송을 통해 '지료'가 확정되면 그다음부터는 일사천리다.

강제경매 신청 전에 건물철거소송 제기

통상은 '지료확정소송'으로 확정된 지료금액을 바탕으로 강제경매를 신청하는 것으로 제2라운드를 시작한다.

"지료 확정을 원인으로 낙찰받은 물건에 건물철거소송을 시작했다면서요?"

"이런 경우에는 서로 대화로 마무리하는 것이 좋은데…!"

"대화가 안 되나 보죠?"

"그러게 말입니다."

"경매가 진행 중에 있다고 하셨죠?"

"지료 문제가 발생했다면 '법정지상권'은 날아갔다는 거, 아시죠?"

"네, 압니다."

"그렇기에 사실은 '지료확정소송'을 하면서 동시에 법정지상권 부존재에 따른 '건물철거소송'을 함께 제기해서 승소 판결문을 첨부해 강제경매를 신청하는 것이 효과적입니다."

"경매 당시에는 존재했던 법정지상권이 지료 체납으로 없어지게 됨에 따라 '법정지상권 부존재에 따른 건물철거소송'을 진행하라는 말씀이시죠?"

"맞습니다."

"소송으로 받은 '건물철거판결문'을 첨부해서 지료를 확정해 가 압류한 건물을 강제경매 신청하면 된다는 말씀이시죠?"

"그렇게 진행하시면 됩니다."

서울동부법원 2010타경18885을 검색해보기

'서울동부법원 2010타경18885'의 경매 사건을 검색해보면 필자의 이야기가 이해될 것이다. 같은 부동산의 대지와 건물이 시간을 두고 경매당해 다른 소유자에게 넘어간 사건이다. 결국 토지를 낙찰받은 사람이 건물까지 낙찰받게 된다.

"그렇게 해서 건물만 경매 나온 경우를 경매 정보지에서 본 적 있습니다."

"흔하게 있습니다. 법정지상권이 부정되어 '건물철거판결'이 난 경매 물건의 건물을 낙찰받을 사람은 대한민국 어디에도 없습니다. 말 그대로 시간차 공격입니다."

"그러면 토지주가 받은 건물철거판결은 어떻게 되나요?"

"대지를 먼저 낙찰받은 사람이 지료를 원인으로 건물철거소송을 해서 그 판결문을 경매 신청하면서 법원에 제출해서 토지 소유자가 낙찰받는 것까지는 아시겠죠?"

"이해했습니다. 궁금한 점은 건물철거판결문은 어떻게 되냐 하는 것입니다.

"토지 소유자가 자기 건물을 철거할 일이 있을까요?"

"결국 지료확정소송이나 건물철거소송은 건물을 삼키기 위한 수단이었다는 이야기네요."

"경매 감정가격 10억 원짜리가 입찰가격 1억 원으로 떨어진다고 해도 제삼자는 응찰할 사람 없습니다."

낙찰받은 임야 지상에
분묘가 있어 골치 아플 때

임야 물건에 응찰할 경우, 신경 써야 하는 것이 바로 분묘(묘지)에 관한 사항이다. 우리 민법은 분묘에 관해 관습법상으로 특별한 권리를 인정하고 있다. 이를 '분묘기지권'이라 한다. 분묘기지권은 분묘에 대해 지상권과 유사한 효력을 인정하는 것이다. 법원 경매를 통해 임야(전·답·과수원·잡종지·묘지) 등에 응찰할 경우, 지상에 존재하는 분묘에 각별히 주의해야 한다. 지상에 분묘가 있다면 관습법상 인정되는 법정지상권과 같이 일종의 물권인 분묘기지권이 성립한다는 것을 가정해야 한다.

분묘가 존속·관리되는 동안은 분묘기지권이 존속되며, 등기가 필요하지 않고, 지료의 지급은 분묘기지권의 요소가 아니다. 또한 봉분과 석물, 그리고 분묘를 둘러싸고 있는 빈 땅과 분묘에 이르는 임도까지도 범위에 속하기 때문에, 분묘기지권이 성립하는 경우, 그

토지를 사용하는 데 많은 제약이 따른다. 분묘기지권의 성립요건은 다음과 같다.

① 토지 소유자의 승낙을 얻어 분묘를 설치하는 경우
② 남의 토지에 소유자의 사용, 승낙 없이 설치했더라도 20년간 평온·공연하게 점유한 경우
③ 자기 토지에 분묘를 설치했다가 분묘도 함께 이전한다는 특약 없이 매매한 경우

이 세 가지 조건 중 어느 하나 이상에 해당하면 분묘기지권은 무조건 성립하고, 그럴 경우 자기 땅이라고 하더라도 분묘 소유자의 허락 없이 함부로 분묘를 훼손할 수 없다. 분묘 발굴 등의 죄로 처벌을 받을 수 있고, 소유주 허락 없이 타인의 분묘를 옮긴다는 것은 우리네 정서상으로도 어렵다.

분묘 소유자는 있지만, 분묘기지권이 발생하지 않는 분묘의 경우에는 협의 이장이 되지 않으면, 이전청구소송 등 정당한 법 절차를 통해 봉분을 옮길 수 있다. 분묘기지권의 존속기간에 대해서는 민법상의 지상권에 관한 규약에 따르는 것이 아니다. 후손이 분묘를 관리할 때까지 분묘기지권은 존속한다. 100년, 200년도 가능하다는 말이다. 개발하려고 임야를 낙찰받은 사람들에게는 쥐약 중 쥐약이다. 다만 장사에 관한 법률이 제정되기 이전에 설치된 분묘에 한한다.

묘지 주인이 있을 때 해결 방법

이 경우는 일반적인 방법으로 해결하기가 그리 쉽지 않다. 이 책은 경매로 인해서 발생한 문제를 해결하는 책이지만, 이 부분에서만큼은 별다른 방법이 없다. 그렇다고 '돈' 또는 '불법'으로 해결하라고 할 수는 없는 노릇 아닌가. 결국 협상을 통해서 해결하는 수밖에 없다. 아니면 기상천외한 방법을 동원하든지 말이다. 여기서는 필자가 알고 있는 분묘기지권을 해결한 사건 하나만 소개하고자 한다.

분묘기지권이 성립하는 경기도 양평의 임야 명도 사례는 토지 경매를 전문으로 하는 사람들 사이에서는 여전히 '전설'로 남아 있다. 북한강이 내려다보이는 임야를 감정가격의 약 16%에 낙찰받은 임야의 지상에 분묘가 약 50여 곳에 산재해 있었다. 이런 이유로 감정가격이 약 23억 원이던 물건을 3억 6,000여만 원에 낙찰받는 데 성공했다. 문제는 역시 묘지였다. 낙찰받은 법인은 서울시 강남구 역삼동에서 일명 기획 부동산 회사를 운영하고, 경매 경력이 30여 년이 넘는 베테랑 중의 베테랑이었다. 소유권을 이전하자마자 곧바로 분묘 명도에 착수했다. 형식적인 내용증명이 서너 차례 왕복하고 나서 낙찰자가 전격 꺼내든 카드가 바로 '흑염소 명도'였다.

"낙찰받은 ○○컨설팅입니다. 안녕하셨죠!"
"당신들 생각만 하면 짜증부터 나니까 여러 말 마시고, 전화를 끊든가 본론만 이야기합시다!"

"아시잖아요. 묘를 옮겨달라는 것 말고 달리 할 말 있나요?"

"같은 말을 벌써 열 번은 더 한 것 같네!"

"내용증명에서도 말씀드렸듯이 한 기당 100만 원씩 위자료 지불하고, 이전비용은 우리가 다 댄다니까요?"

"그걸 나한테 말이라고 하고 있나요!"

"말이지, 뭔가요?"

"우리는 그 땅을 묘지로 앞으로도 계속해서 사용할 권리가 있다는 거 잘 아시잖아요?"

"그렇게 나오시면 우리도 우리 생각대로 하겠습니다!"

"우리 생각대로든 당신들 생각대로든 마음대로 하세요."

"제 생각을 말씀드릴까요?"

"마음대로 하세요. 말씀하시든 말든 우리는 우리 권리가 있으니까."

분묘기지권은 이미 성립하고, 존속기간이 영원하다는 것을 알고 있는 문중 대표 입장에서는 아쉬울 필요가 없는 상황이었다.

"거기다가 흑염소라도 한번 키워보려고요."

"흑염소를 키우든 흑돼지를 키우든, 그걸 왜 나한테 말씀하시나!"

"제 말은, '흑염소'를 우리 산에다가 방목해야겠다고 말씀드리고 있는 겁니다."

"그러든지 말든지 마음대로 하시라니까!"

문중의 대표자라는 양반이 번지수 잘못 짚고 헤매고 있다.

"풀어놓으면 발 달린 짐승이 어디로든 못 가겠어요?"
"그게 무슨 말이냐니까!"
"우리 산에 염소를 방목하면 그 염소들이 대표님네 선산 위로 돌아다니지 말라는 법 없잖아요?"
"뭐야, 그러면 염소를 풀어서 우리 조상님들을 밟고 돌아다니게 하겠다는 거야, 뭐야!"
"발 달린 염소들이 돌아다니는데 다니라 마라 할 수는 없잖아요."
"뭐라고? 그러니까 염소들이 우리 조상님들을 밟고 돌아다니게 하겠다는 말이야?"
"결론을 보면 그렇다는 이야기죠."

그것으로 상황은 끝이었다. 문중 대표자는 무릎을 꿇지 않을 수 없었다.

묘지 주인을 알 수 없을 때

분묘기지권을 그나마 해결하기 쉬운 경우는 묘지 주인을 알 수 없는 '무연고 묘지'일 때다. 법대로 하면 된다. 무연고 묘지를 정리하는 기본적인 방법만 보도록 하자.

"낙찰받은 임야에 묘지가 있는데 골치가 아픕니다."

"왜요?"

"소유자가 도대체 누군지 알 수가 없어요!"

"그래요?"

"동네 사람들한테 물어봐도 자기들도 모른대요."

"시골에 무덤들 후손이 3~4년만 관리 안 해버리면 도대체 누구 무덤인지 알 수 없게 되어버려요."

"비석이나 석물이 세워져 있으면 그렇지 않잖아요?"

"태풍 오고 산사태 나고 그러면 석물이 있거나 없거나 마찬가지 예요!"

"좋은 방법이 없을까요? 소유자를 몰라서 난감한데⋯."

"이런 경우에는 좀 죄송한 이야기지만, 묘지 소유자를 알지 못할 때가 해결하기 더 좋을 수도 있어요."

"어떻게요? 후손들을 모르는 경우가 묘지 해결에 더 좋다는 말씀 이세요?"

"그럼요."

"정말이세요?"

"그렇다니까요."

"방법을 좀 알려주세요!"

"무연고 묘지를 정리하는 방법은 대체로 다음과 같다고 보면 됩 니다."

묘지를 관할하는 시·군·구·읍·면에 개장일 3개월 전에 개장 허가를 신청한다. 요즘은 국가에서도 정책적으로 매장이나 묘지를 줄이려고 노력하고 있어 일단 무연고 묘지로 판명되면, 개장에 적극적으로 협조해준다고 한다. 개장허가신청에 필요한 서류와 공고 절차는 다음과 같다.

① 개장허가신청에 필요한 서류

- 개장허가신청서(관할 관청에 비치)
- 분묘 현황 사진
- 분묘 위치 약도(대강)
- 무연고 사유(즉 분묘 소유자를 알 수 없는 사유)
- 토지대장(토지 소유자임을 증명하는 등기부 등 공적 장부)
- 사업자등록증 또는 해당 토지 임차증명서

② 개장허가신청에 필요한 공고 절차

- 개장예정일로부터 3개월 전에 발행지를 전국으로 하는 중앙 일간지를 포함해서 두 개 이상 일간신문에 공고
- 두 번째 공고는 2개월 이상 첫 번째 공고 1개월 이상 지난 다음에 다시 재공고
- 공고 3개월 만료 후 분묘 사진, 신문 공고문을 첨부해 개장허가 신고
- 신고 후 개장허가증 교부
- 개장해 화장 후 납골당 등에 봉안 안치하면 종료

다만 분묘가 관리되고 있음에도 불구하고 연고자를 모른다는 이유로 일방적으로 개장허가를 신청할 수는 없고, 이 같은 사실을 알고도 개장한 경우에는 관련 법에 의거해 처벌을 받을 수도 있다.

대위변제로 추가 부담이
발생하게 되었을 때

부동산 경매가 아직 생소한 독자들을 위해 '대위변제(代位辨濟)'의 기본을 약간만 언급하자. 대위변제는 경매가 진행되고 있는 당해 부동산에 이해관계가 있는 제삼자가 채무자를 대신해서 채무를 변제하는 것이다. 다시 말해 저당권 등이 설정된 부동산에 소유권·전세권·임차권 등을 취득한 자나 후순위 저당권자 등 이해관계가 있는 제삼자가 채무자를 대신해 빚을 갚고, 그 액수만큼 채권자가 가졌던 권리를 갖는 것이다. 대위변제가 실행되면 다음과 같은 두 가지 문제가 발생한다.

① 낙찰 후 인수해야 하는 인수금액이 당초보다 증가하게 되는 것
② 등기부상 말소권리가 인수권리로 바뀌는 것

경매가 진행되는 중에 대위변제로 취하되는 경우는 낙찰자에게

아무런 문제가 발생하지 않는다. 왜냐하면 응찰하지 않으면 그만이기 때문이다. 그래서 이 부분은 살펴볼 필요가 없고, 낙찰받은 이후에 대위변제가 발생하는 경우로만 한정한다. 문제의 핵심은 이것이다. 매각허가결정 후 매각대금납부일 사이에 대위변제가 이루어지면 낙찰자에게 감당하기 어려운 수준으로 인수금액이 증가한다. 경우에 따라서는 당초 말소권리가 인수권리로 바뀌는 일까지도 발생할 수 있다. 지금부터는 앞의 두 가지 경우를 세 가지 전략으로 나누어 살펴보고자 한다.

최고가매수인으로 선정되기 전에 일어난 대위변제

이 경우는 비교적 대응이 간단하다. 일단 법원에 매각허가기일변경을 신청하고, 추가 부담이 발생할 것으로 판단되면 매각불허가신청을 하면 법원은 대부분 받아준다.

"등기부 안 떼어보고 응찰하셨어요?"
"경매 정보지에 올려져 있는 등기부등본을 기준으로 응찰했더니 이렇게 되고 말았네!"
"이왕 이렇게 된 일이니, 마무리부터 하셔야죠."
"방법을 좀 말해주시게!"
"어제 낙찰받으셨으니, 아직 시간은 좀 있어요."
"다음 주 월요일이 매각허가일이라고!"

"이번 주 목요일까지는 법원에 대위변제사실을 이유로 불허가신청을 하시면 됩니다."

"받아줄까?"

"그럼요. 이런 경우에는 거의 받아줍니다."

"안 받아주면?"

매각불허가사유 중에 매각조건에 중대한 변경이 있는 경우에는 법원은 매각불허가를 내려야 하는 것으로 되어 있고, 만약 경매 법원이 불허가신청을 무시하고, 매각허가결정을 내려도 이럴 때는 얼마든지 구제받을 수 있다.

"그러면 정말 다행이고."

"일단 등기부등본을 새로 발급받아 첨부해서 매각불허가신청서를 제출하세요."

"이런 일이 있는 줄 알았으면 응찰하지 않는 건데!"

"실수는 좀 하셨지만, 크게 걱정은 하지 않아도 됩니다."

"이해가 잘 안 되고 아직도 궁금하게 하나 있어."

"뭐가요?"

"왜 쓸데없는 곳에 돈을 쓰지?"

"그게 무슨 말씀이세요?"

"후순위 가처분권리자가 왜 자기 돈을 들여 집주인 대신 갚았을까?"

"아이고! 그게 정말 궁금하세요?"

"정말 궁금해!"

"울며 겨자 먹는 꼴이죠! 집주인을 대신해서라도 1순위 저당권금액을 말소하지 않으면, 후순위 가처분권리는 말소되어버리잖아요?"

"지금처럼 빚을 대신 갚으면 자신의 권리가 살아난다는 말인가?"

"살아난다는 말이 아니고, 말소되지 않는다는 말이죠!"

"그 말이 그 말 아닌가?"

"아니요. 성질이 아주 많이 다른 말입니다."

"하지만 지금 중요한 것은 가처분 권리가 살아나고, 말소 안 되는 것이 중요한 것이 아니고, 서둘러서 매각불허가신청을 하는 것이 먼저일 것 같은데요!"

"매각불허가신청이 받아들여지면 입찰보증금은 돌려받을 수 있다는 말이지?"

"받아들여 주면 받게 되는데, 받아주지 않으면 약간 복잡해지기는 하죠."

"자꾸 걱정이 되어 그러는데 받아주지 않으면 어떻게 하지?"

"너무 염려 마시라니까요!"

"그래도 염려가 되어서⋯."

"일단 불허가신청을 하고 보죠."

통상 매각허가의 중대한 사유 변경이 있는 경우, 법원은 낙찰자가 제기한 불허가신청을 받아들여 준다. 매각불허가결정이 내려지면 그날로부터 2주가 경과하면 응찰 시 제공했던 입찰보증금을 찾을 수 있다.

매각불허가신청서

수 신 : 서울 서부지방법원 경매6계
발 신 : 주 상 *
     주   소 : 서울시 종로구 내수동 124-**, 경희궁** 6-702호
     연 락 처 : 010-2558-14**

  귀원의 무궁한 발전을 기원합니다.

  상기 본인은 귀원이 2009-12345호로 경매 진행한 사건에서 2010년 5월 19일에 당일 최저 매각가격이 2억5,000만원일 때, 입찰보증금으로 일금2,500만원(당일 최저매각가격의 10%)을 제공하고, 응찰하여 최고가 매수인의 지위를 획득한 사람입니다.

  드릴 말씀은 다름이 아니오라, 응찰후 등기부를 발급받아 다시 살펴보니 매각일 직전인 2010년 5월 17일에 말소기준권리인 제1순위 저당권을 2순위가처분권리자인 홍길동이 채무자를 대신하여 그 채무액을 변제하고, 해당 저당권의 말소신청을 하여, 등기부상 말소가 입찰일 다음날인 2010년 5월 20일에 그 내용이 기재된 바 있습니다. 하여 만약 지금과 같은 권리상태로 매각조건이 확정될 경우 본인은 당초 부담하지 않아도 되는 권리로 파악하고 응찰하였던, 대위변제권자인 홍길동의 '처분금지가처분권리'를 인수하지 않을 수 없게 됩니다.

  이는 『민사집행법 제121조(매각허가에 대한 이의신청사유) 6. 천재지변, 그 밖에 자기가 책임을 질 수 없는 사유로 부동산이 현저하게 훼손된 사실 또는 부동산에 관한 중대한 권리관계가 변동된 사실이 경매절차의 진행 중에 밝혀진 때』에 해당하여, 매각불허가사유에 해당된다고 사료되는바, 2010년 5월 26일에 있을 매각허가결정기일이 이 경매사건에 대하여 그 매각을 허가하지 말 것을 청구하는 바입니다.

아무쪼록 귀원의 현명한 판단을 구하는 바입니다.

2010년 5월 22일

청구인 : 주 상 *(인)

첨부 : 해당경매사건의 권리 변동된 등기부등본 1권

서울 서부지방법원 귀중

다음은 매각불허가신청을 했음에도 불구하고 법원이 이를 받아들여 주지 않고, 매각허가결정을 내려버린 경우를 살펴보자.

매각허가결정 후 매각대금납부일 사이에 이루어진 대위변제

"아니, 도대체 어떻게 이런 결정을 할 수 있지?"

"그러게요. 이상하다. 이런 경우 보통은 매각불허가신청을 받아주는데!"

"말도 안 되는 결정을 하고 있네."

"그러니까, 정확하게 불허가신청을 했는데도 매각허가결정이 떨어졌다는 거죠!"

"그렇다니까. 여기 내가 대법원 화면 사이트를 출력해왔는데, 여기를 보면 '매각허가결정'이라고 되어 있잖아?"

"판사님이 이해가 안 되는 결정을 하는 경우도 가끔은 있어요!"

"등기부등본을 보면 알 수 있을 텐데, 나하고 무슨 유감이라도 있다는 거야 뭐야? 매각결정에 중대한 변경이 있을 때는 불허가나 매각허가에 대한 이의신청사유에 해당한다고 되어 있고, 그 조문을 불허가신청서에 분명하게 명기했는데, 왜 이런 결정을 하지… 이해하기 어렵네!"

"불허가신청서기각 결정문은 받아보셨어요?"

"아니, 아직."

"그러면 담당 경매계에 연락해서 불허가신청을 받아들이지 않고,

매각허가결정이 내려진 이유가 뭔지 일단 한번 물어보세요."

"일단 그렇게 해야 할 것 같아."

"불허가결정을 받아주지 않은 사유를 알아서 다시 연락해주세요. 이런 경우일 때 경험 있는 판사들은 복잡하게 만들지 않는데, 대강은 알 것 같아요."

법조문대로 해석하는 경매 판사님

"불허가신청을 기각하고, 매각허가결정을 내린 이유가 뭐랍니까?"

"글쎄 기도 안 막히네!"

"왜요?"

"세상에, 내가 낸 불허가 사유는 이유가 없대."

"이유가 없으니 불허가신청을 기각하는 거죠."

"경매계장 이야기로는 판사가 그렇게 말했대. 이 건은 불허가신청사유가 아니고 매각허가에 대한 이의신청 사유에 해당한다고 말했다는데!"

"그게 그거지, 그 양반 참 재미있네!"

"그러면 이제는 '매각허가결정 취소소송'을 하면 되겠네, 판사가 그렇다고 말했다는데…, 불허가신청사유가 아니고, 매각허가결정을 하고 나면, 그때 가서 '매각허가결정 취소소송'을 제기하라고?"

"낙찰자가 지불할 비용하고 시간은 하나도 고려하지 않고, 법원일 많아지는 것은 생각하지도 않고는 자기는 판단하는 데 따른 부담에서 벗어나겠다는 말이네!"

"그러게 말이야."

"부담이 추가되네요!"

"무슨 부담이 추가되는데?"

"'매각허가결정취소소송'을 제기하려면, 소장 써야죠, 인지대, 송달료 들어가야죠, 그리고 또 항고보증금 공탁해야죠, 시간 걸리고, 비용은 많이 드니까 하는 소리죠."

"항고보증금은 또 뭐야?"

"지금 이런 경우에는 이의소송 하려면 입찰보증금액만큼 항고보증금을 다시 제공해야 한다니까요!"

"그러면 2,500만 원을 또 내라고?"

"그렇다니까요?"

"미치겠구먼, 그럴 돈이 어디 있어!"

"그런데 더 큰 문제는 이의소송마저 기각되어버리면 그 돈도 몰수당한다니까요?"

"뭐라고? 그러면 까딱 잘못하다가는 5,000만 원이 날아갈 수도 있다는 말이네!"

"최악의 경우, 그럴 수도 있어요."

"그러면 뭐야, 가만히 있다가 2,500만 원을 날릴까, 아니면 다시 2,500만 원 더 걸고 이의소송해서 이기면 찾고, 져버리면 결국 5,000만 원 날리는 모험을 한번 해봐라, 그 말이네!"

"그렇죠."

"뭐야 이거, 돈 놓고 돈 먹기식도 아니고, 완전히 도 아니면 모네, 야바위판도 아니고!"

"그렇죠."

"스릴이 있어 재미는 있네. 스릴이 만점이네, 정말!"

"롤러코스터치고는 한 번 타는데 꽤 비싸죠?"

"그런데 '매각허가결정 취소소송'을 하면 결과는 어떻게 나올 것 같아?"

"내 말 들었다가 소송에서 져버리면 나한테 원망하려고 그러시죠."

"아니, 그게 아니고, 나는 이런 경험이 없고, 자네는 대강 아니까 물어보는 거지!"

"아는 후배 변호사한테도 물어봤다면서요?"

"변호사 대답이야 뻔하지! 무조건 이긴다고, 그러니까 자기한테 맡기라고!"

"그러면, 그렇게 한번 해보시죠!"

"맡겼다가 지게 되면?"

"그러니까, 제 말 듣고 소송할까 말까 판단하시겠다는 말이세요?"

"그렇다니까!"

"내가 전문가도 아니고, 내 말대로 했다가 원하는 결론이 안 나오면, 그래도 책임 추궁은 안 하실 거죠?"

"알았다니까."

"정 안 되면 대법원까지 가실 생각이시면 소송은 해도 됩니다!"

"대법원까지?"

"네, 대법원까지 갈 생각으로 시작하고, 이런 경우는 거의 받아들여 줍니다. 판단은 알아서 하시고요."

잔금 납부 후에 대위변제 사실을 알았을 때

가장 심각한 상황이다. 절대 이런 일은 있어서는 안 된다. 배당 전이라면 일단 '배당절차중지' 신청을 해서 경매 진행 절차를 중단시킨 다음, 경매 절차 전부에 대해서 취소소송을 제기해볼 수는 있다. 실제 잔금 납부 후에 경매 절차 전부를 취소해서 입찰보증금은 물론이고, 납부했던 잔금까지 돌려받고, 잔금 납부로 취득했던 소유권을 되돌려준 사건이 있다. 그러나 이런 경우가 일반적이라는 말은 절대 아니다. 오해하지 마시기를 바란다. 보통 알고 있는 경매 상식으로는 낙찰 후 '잔금을 납부하면' 모든 게 끝이라고 알고 있다. 그러나 그렇지 않은 경우도 있다.

이 대목에서 당부의 말씀을 하나 드린다. 대위변제가 뭔지 잘 모르는 분들은 일단 이 책을 내려놓고, 기본 공부에 먼저 매진해주시기 바란다. 그다음에 전선에 뛰어들어도 늦지 않다. 기본적인 훈련도 받지 않고 전장에 뛰어들었다가는 총 맞아 죽을 일 말고 또 뭐가 있겠는가.

우리 모두가 죽어서 이 세상을 떠날 때까지 경매 전쟁은 끝나지 않는다.

대위변제로,

① 낙찰 후 인수해야 하는 인수금액이 당초보다 증가하게 되거나,

② 등기부상 말소권리가 인수권리로 바뀌는 것을 파악하기 위해, 매각대금을 납부하기 전에 등기부를 발급받아 매각허가결정일 이후에 권리변동이 있었는지를 확인하면 된다.

만약 이 사이에 권리변동이 있었다면 권리분석을 처음부터 다시 해야 한다. 즉 매각허가결정일과 매각대금납부일 사이에 저당권, 압류, 가압류 등이 후순위로 설정된 경우라면 무시해도 되지만, 등기부상 제1순위 권리가 말소되었다면 권리분석을 다시 해야 한다.

특수법인 경매 물건은
'소유권이전동의서'가 필요

일반 투자자가 도전해서는 안 되는 물건

경매 세상에서 특수물건의 클라이맥스는 경매 부동산의 소유권자가 종교법인, 학교법인, 병원법인, 문중 재산 등인 경우다. 사례로 소개하는 물건들은 우리가 경매 시장에서 흔하게 볼 수 있는 일반적인 물건들이다. 그러면서도 쉽게 접근할 수 없는 하자들을 가지고 있다. 이런 물건들의 특징을 정의해보면 '하이 리스크, 하이 리턴'이다. 이들 물건의 낙찰가율은 50% 이하인 경우도 수두룩하다. 경매 시장에서 장닭까지도 이들 물건에 관심은 있지만, 어떻게 해볼 엄두가 나지 않는 것이 현실이다. 초고수 몇 사람만이 조용한 낙찰로 어마어마한 수익을 본다. 경매 좀 했다는 장닭들도 도전할 엄두를 쉽게 내지 못하는 이유가 따로 있다.

채무자의 이전 동의서가 필요하다

이들 물건의 경우, 낙찰로부터 매각허가결정기일까지 낙찰자 앞으로 해당 부동산의 소유권을 이전하는 데 동의한다는 '채무법인' 대표자의 동의서가 첨부되어야 비로소 매각허가결정이 내려진다. 만약 '매각허가결정기일'까지 '소유권이전동의서'를 제출하지 못하면 매각불허가결정이 나고, 입찰보증금은 몰수된다. 그림을 상상해보면 쉽지 않으리라는 것을 바로 알 수 있을 것이다. 경매당한 부동산 소유법인의 대표자가 낙찰자의 어디가 예쁘다고 낙찰자 앞으로 소유권을 이전해달라는 '소유권이전동의서'를 발급해준다는 말인가. 장닭 수준의 경매 선수들도 이 부분을 넘지 못해 권리분석 단계에서 포기하고 마는 것이 현실이다.

그래서 이들 특수법인 소유의 경매 물건들에 '특수물건'이라는 주홍글씨를 새기고는 특별 취급하는 것이다. 필자는 이 책을 통해서 분명히 보여드리겠다. 이른바 '특수물건'의 요리 방법을 보여드리겠다는 것이다. 이런 물건에 도전했다가 입찰보증금을 날릴 위기에 처했을 때, 경매 절차를 깨뜨려서 입찰보증금을 회수하는 방법과 '소유권이전동의서'를 발급받아 낙찰자 앞으로 소유권을 이전하는 방법에 대해서 살펴보도록 하자.

이렇게만 할 수 있다면, 특수법인 소유의 경매 물건에 붙어 있던 '특수물건'이라는 주홍글씨를 떼어낼 수 있을 것이다. 여기서 보여드리는 방법을 통해 지금까지 특별하게 대접받았던 특수법인 소유의 경매 물건이 더 이상 손댈 엄두도 내지 못했던 '특수물건'이 아닌, '일반물건'으로 드디어 우리 앞에 등장하는 것이다.

종교법인의 물건에 도전해서 소유권을 취득한 사례

본론으로 돌아가보자. 종교재단 물건에 도전해서 실제로 낙찰로 소유권까지 취득한 사례다. 이렇게만 된다면, 종교법인 소유의 경매 물건은 '특수물건'이 아니다. 다만, 사전에 언급해두고 싶은 부분이 하나 있다. 필자가 여기에서 이들 사례를 소개하는 것이 독자들에게 대책 없이 권하는 바람잡이 행동은 아니라는 점이다. 누구에게는 가능한 일들이 누구에게는 불가능한 일일 수도 있다.

동부4계 2009-12867 상세정보

경매구분	강제(기일)	채 권 자	김영 *	낙 찰 일 시	10.06.07 (종결:10.08.20)
용 도	오피스텔(업무용)	채무/소유자	대한불교 * * 종	낙 찰 가 격	160,000,000
감 정 가	480,000,000	청 구 액	186,000,000	경매개시일	09.05.28
최 저 가	157,286,000 (33%)	토지총면적	0 ㎡ (0평)	배당종기일	09.09.02
입찰보증금	10% (15,728,600)	건물총면적	196.67 ㎡ (59.49평)	조 회 수	금일1 공고후57 누적312
주 의 사 항	· 대지권미등기 · 건물만의 경매임, 현황조사서에 의하면 본건은 현재 사찰(* * * *)로 사용중임				

우편번호및주소/감정서	물건번호/연 적 (㎡)	감정가/최저가/과정	임차조사	등기권리
143-802 서울 광진구 광장동 * * * . * * * * 코스모스 텔 지하층 호 ●감정평가서정리 -" * * * * " - 철콘조슬래브지붕 - 워커힐아파트동측인 근도로월편위치 - 부근후면상용주상용 복합지대 - 차량출입가능,교통사 정무난 - 아차산성길이면지로 인근대중교통(정)과 제반차량이용시설소 재 - 중앙공급식난방,도시 가스설비 - 2필1단의완경사지 - 상면도로접함 - 도시지역,준주거지역, 과밀억제권역 - 비행안전제3구역(전 술) - 대공방어협조구역(위 탁고도:54-236m) 2009.06.02 1감정	물건번호: 단독물건 대지권미등기 건물 196.67 (59.49평) 현:사찰 공용125.837 11층-91.10.12보 존	감정가 480,000,000 · 대지 144,000,000 (30%) · 건물 336,000,000 (70%) (평당 5,648,008) 최저가 157,286,000 (32.8%) ●경매진행과정 480,000,000 ① 유찰 2009-10-12 20%↓ 384,000,000 ② 유찰 2009-11-23 20%↓ 307,200,000 ③ 유찰 2010-01-15 20%↓ 245,760,000 ④ 유찰 2010-03-15 20%↓ 196,608,000 ⑤ 유찰 2010-04-26 20%↓ 157,286,000 ⑥ 낙찰 2010-06-07 160,000,000 (33.3%) - 응찰 : 1명 - 낙찰자:정경 * 허가 2010-06-14 종결 2010-08-20	●법원임차조사 최윤 * 전입 2009.02.17 조사서상 *소유자점유,소재지에 출 장한 바,'사찰'(* * * *) 로 사용중에 있음.관할 동사무소에 주민등록등 재자를 조사한 바,채무자 유계 * ,세대주 최윤 * 이 등재되어있음(지하층 지 01호의 주소는 'B01'호 로 하여 전입한 세대가 2 세대 있음) ●지지옥션세대조사 🏠 08.05.15 유 * * B01호 🏠 09.02.17 최 * * B01호 동사무소확 인:2010.04.16	가압류김영 * 2008.08.25 100,000,000 소유권대한불교 * * 종 2008.08.29 전소유자:유계 * 가처분김영 * 2009.04.15 가처분 * * * 인베스트 2009.05.12 강 제김영 * 2009.05.28 *청구액:100,000,000원 등기부채권총액 100,000,000원 열람일자 : 2009.07.23 토지등기부확인 🔲

"스님! 소유권 이전에 관한 동의서를 종단에 이야기하셔서 미리 좀 받아주세요."

"이 건은 종단의 동의서는 필요 없습니다. 그냥 제가 해드리면 됩니다!"

"그게 무슨 말씀이세요?"

"종단의 기본재산이 아니고, 제가 조건부로 증여해서 실제로 처분 권한은 제게 있습니다!"

"그랬었나요? 그러면 이야기가 쉬워지나요?"

"그렇지요!"

"'소유권이전동의서'를 해주시면서 바라는 거 있으세요?"

"내가 스님인데 그럴 일이 있나요? 그런 것은 없고 밀린 관리비나 대신 내주세요!"

"(그 소리가, 그 소리지!) 그게 얼마인데요?"

"한 반년치 정도 못 내고 있습니다!"

"알았습니다. 이사하시면 되겠네요. 제가 관리실에는 대신 내겠다고 약속하면 되지 않겠어요?"

"그렇게만 해주시면 나도 더 이상 군말 없이 동의서를 써 드리리다."

"그렇게 알고 진행하겠습니다!"

[집합건물] 서울특별시 광진구 광장동 **외 *필지 **코스모스텔 제지하층 01호   고유번호 1111-1996-169643

순위번호	등 기 목 적	접 수	등 기 원 인	권 리 자 및 기 타 사 항
			2)	
21	가압류	2010년4월23일 제20541호	2010년4월23일 서울중앙지방법원의 가압류결정(2010카단503 70)	청구금액 금10,813,615 원 채권자 주식회사 다빠 스드 서울 서초구 서초동 1599-2 빨지서소 초
22	소유권이전	2010년7월19일 제36436호	2010년7월16일 강제경매로 인한 매각	소유자 정정 630910-1****** 서울특별시 동대문구 답십리동 아파트 5-701
23	15번가압류, 17번가처분, 18번가처분, 19번강제경매개시결정, 20번가압류, 21번가압류 등기말소	2010년7월19일 제36436호	2010년7월16일 강제경매로 인한 매각	

소유권자가 대한불교 ○○종

"여기 소유권 이전된 등기부등본입니다!"

"축하드립니다. 정말로요!"

"그동안 이렇게 여러 가지로 도와주셔서 감사합니다!"

"스님이 당초에 약속한 대로 이행해줘서 그렇지, 사실은 좀 위험하기는 했어요."

"그러게요. 사실 저도 아슬아슬하게 생각했습니다. 혹시라도 마음이 변해서 딴소리하면 어떻게 해야 할지…."

"사실은 이번 물건은 스님이 말을 바꾸어도 입찰보증금을 날리지 않을 방법이 또 있었어요. 그래서 응찰하시라고 권했던 겁니다."

"아, 그랬었나요?"

"처음에 이 물건을 가지고 문의하러 왔을 때, 제가 고민하던 것 생각나세요?"

"생각은 나지만 그때는 아무런 대답도 안 해주셨잖아요!"

"걱정하실까 봐 말을 안 했는데, 사실은 스님이 당초 약속을 어긴다고 가정하고, 어겼을 때 입찰보증금을 안 날릴 방법이 있는 물건인가 따져봤거든요!"

"그런 것까지 따져보고 난 다음에 괜찮다고 말씀하셨던 거예요?"

"그럼요. 입찰보증금만 해도 1,500만 원이 넘는데요."

"물어봐도 되나요? 이제는 대답해주실 수 있으세요?"

"이 부분은 비쌉니다."

"좀 알려주세요. 이제 다 끝났는데요?"

"전에 오셨을 때, 혹시 잘못되면 5,000만 원 정도를 동원할 수 있냐고 물어봤던 거 생각나세요?"

"사실 그때는 그 말 듣고 선생님을 약간 의심했어요."

"그거야 나라도 그럴 수 있으니까 신경 안 씁니다. 그때 스님이 혹시라도 말을 바꾸거나, 돈을 요구할 것에 대한 대비책이었거든요."

"그러니까 그게 뭐였냐고 물어보잖아요!"

"만약에 스님이 '소유권이전동의서'를 못 준다고 버티거나, 돈을 많이 달라고 하면 경매를 깨버릴 방법이 있었거든요!"

"아, 네에, 그런 방법까지 생각하셨다는 말씀이세요?"

"그럼요. 스님만 믿고 일을 진행하기에는 위험이 너무 크다고 본거죠!"

스님이 말을 바꾸어도 경매를 깰 비장의 필살기 한 방

"그때도 말씀했지만, 처음부터 그 대목이 가장 위험했죠!"

"이 부분을 돌파할 대비책이 없는 상태에서 어떤 변덕을 부릴지도 모르는 스님의 입만 쳐다보고 입찰하기에는 위험부담이 너무 컸다고 판단했죠!"

"그래서 선생님이 구체적으로 어떤 방법을 대비책으로 세우셨는지 말씀해주시라니까요?"

"경매 신청권자가 김영○ 씨잖아요."

"알죠!"

"2순위 저당권 설정 채권최고액이 2억 6,000만 원이잖아요?"

"그렇죠!"

"예상 낙찰가격을 바탕으로 예상 배당표를 써보면 김영○ 씨 저당권은 후순위 저당권이여서 배당받을 금액이 거의 없는 상황입니다."

"그런가요? 그건 저는 몰랐습니다."

"그럼, 다 끝난 거죠."

"뭐가요?"

"스님이 말을 바꾸지 못하게 할 비장의 카드가 마련되었다는 거죠!"

"어떻게요?"

"만약에 스님이 말을 바꾸면, 경매 신청권자에게 접촉해서 저당권을 사버리면 다 끝나는 거죠!"

"왜 무엇 때문에 그 사람(경매 신청권자 김영○의 저당권)의 저당권을 제가 산다는 말이세요?"

"그게 바로 스님이 말을 바꾸지 못하게 할 비장의 카드죠!"

"좀 쉽게 설명을 좀 해 주세요."

"김영○ 씨는 저당권 금액을 받겠다고 경매 신청한 거잖아요!"

"그거야 그렇죠."

"그러니까 경매 신청 원인 권리인 저당권을 정 선생님이 사 버리면 거기에 딸린 경매 신청권리는 어떻게 되나요!"

"경매 신청권리까지 저한테 저당권에 함께 딸려오겠죠."

"이해되시죠? 그러면 다 끝난 거죠!"

"뭐가 끝났다고 아까부터 같은 말을 계속 반복하세요?"

"생각해보세요. 선생님이 저당권을 샀다. 그러면 경매 신청권자의 지위도 함께 가지게 되죠!"

"그렇게 되네요."

"일단 낙찰은 받았는데, '소유권이전동의서'를 스님한테서 받아내지 못한다면 경매를 취하해버리면 되는 겁니다!"

"그럴 수 있나요?"

"경매 신청권자이니 경매를 열두 번이라도 취하시킬 수 있죠!"

"정말이라면 놀랍네요. 그런 방법이 있었네요. 그러니까 경매가 취하되면 저절로 입찰보증금은 돌려받게 된다는 말이세요?"

"그렇죠, 아무런 문제가 없지요. 경매 신청권자가 경매를 취하시킨다는데 대한민국 국민 어느 누가, 어떤 법으로 안 된다고 할 수 있나요!"

"듣고 보니 그러네. 우와! 정말 놀랍네요."

"선생님이 이 물건을 1억 6,000만 원에 응찰하셨잖아요?"

"그렇죠!"

"후순위 저당권 금액이 2억 6,000만 원이잖아요?"

"그렇죠!"

"저당권자인 김영○ 씨에게 연락해서 경매 비용까지 줄 테니 저당권을 팔라고 부탁하면 얼씨구나 하지, 안 팔겠다는 사람이 어디 있겠어요?"

"그거 진짜 말 되네, 경매 박사님 소리 들을 만하시네!"

"저당권을 일단 5,000만 원에 주고 사서 등기부에 권리자 이전하고, 저당권 이전된 등기부등본을 첨부해 경매 취하해서 입찰보증금을 돌려받은 다음, 이번에는 저당권을 원인으로 다시 경매 신청해서, 낙찰되면 거기서 1억 원을 배당받거나 직접 응찰하면 깨끗이 끝나는 거죠!"

"우와! 진짜 놀랠 '노' 자입니다. 나중에 다시 경매를 넣으면 그때 낙찰금액이 얼마나 될까요? 만약 2순위 저당권이 전액을 배당받을 수 없을 정도로 가격이 내려가면 직접 응찰해버리면 됩니다."

"아하, 이제야 전체가 보이기 시작합니다!"

"그러니 선생님은 저당권 채권금액은 어떻게든 회수하는 데 아무런 문제가 없다고 판단했죠!"

"그런 줄도 모르고, 송구합니다!"

"그래서 그때 나중에 스님이 말을 바꾸면 5,000만 원 정도를 동원할 수 있냐고 물어본 거죠!"

"지금은 '대부업법'이 개정되어 개인은 저당권을 사지 못한다고 하던데요."

"금융기관의 저당권을 매입하는 NPL 투자를 하려면, 금융위원회에 등록된 대부법인이 아니면 금융기관이 저당권을 매각하지 않아 매입할 수 없지만, 이 경우처럼 개인이 가지고 있는 저당권은 매입이 가능합니다."

"이제야 완전히 이해했습니다."

"이해하셨다니 다행입니다!"

"정말 거듭 감사드립니다."

"세상에는 문제가 있으면 해답도 있다는 말을 명심하고 삽니다."

"이러니 정말 전문가는 따로 있다는 말이 빈말이 아니네요?"

강남 기획 부동산 회사에
당한 사람들도 우리 고객

이 책의 범주를 벗어나는 보너스 하나

앞의 이야기가 계속된다. 만약 앞의 경우에서 저당권이 아니라, 가압류가 설정된 경우라고 생각해보자.

"그런데 이 물건에는 잘못하다가는 오히려 낙찰자가 코가 꿰일 수도 있는 문제가 있었어요."

"네? 뭐라고요? 그러면 낙찰자가 오히려 당할 수도 있었다는 말씀이세요?"

"경매 구조를 잘 아는 사람이라고 해도 이 물건을 보고 나중에 심각한 문제가 발생할 것이라고 예측하기 어려운 문제가 하나 있었다는 말입니다."

"발생하나요? 아니면 발생할 가능성이 있나요?"

"꼭 발생한다고 말하기는 어렵고, 발생할 가능성이 있었다고 말하는 것이 정확할 것 같아요!"

"말씀 좀 제대로 해주세요."

"앞에서 입찰보증금을 회수하는 전술로 저당권을 인수하면 된다고 말씀드렸잖아요?"

"네, 그러셨죠!"

"그러면 이번에는 저당권이 아니라 가압류라고 한번 생각해보자는 것입니다."

"가압류라면 무슨 문제가 있다는 말씀이신가요?"

인수권리가 가압류라면 이야기가 달라진다. 인수하고자 하는 권리가 가압류일 때는 두 가지 문제가 발생한다. 하나는 부동산 등기부에 가압류 권리는 이전등기가 안 된다는 것이고, 두 번째는 '안분배당'이 진행된다는 것이다.

"인수권리가 저당권이면 문제는 간단하거든요. 그런데 가압류는 권리 성질이 '물권'이 아니고 '채권'이잖아요."

"가압류가 채권이라는 것은 알지만, 그래서 어떻다는 말씀이세요?"

"가압류를 인수해서 경매 신청권자인 가압류권자에게 부탁해서 경매를 깼다고 가정해보세요."

"네! 가정했어요."

"그런데 인수권리가 가압류라서 다시 경매를 넣으면 배당은 안분

배당하게 되잖아요?"

"그런가요? 잘 몰랐는데!"

"만약에 후순위로 추가로 설정이 들어와버리면 그때는 선생님은 배당을 통해서 채권을 전액 회수한다는 보장이 없어져버려요."

"그게 무슨 말씀이세요?"

"사실 일이 잘못 꼬이면 채권회수가 상당히 심각해질 수 있었어요."

"무슨 말인지 정말 이해하기 어렵네요!"

낙찰로 소유권을 취득하는 것에는 문제가 없다.

가압류라는 채권의 나약함

"길게 설명해드려도 이해하시는 데 약간 문제가 있는 것 같아요."

"그래도 조금만 더 부탁드려요."

"그러니까 가압류 채권은 배당에서 안분배당을 하게 되거든요!"

"그게 어쨌다는 이야기인지 이해가 안 된다니까요?"

"안분배당은 모든 채권들이 동 순위로 똑같은 비율로 배당하게 되는 거죠."

"그러니까 그게 어쨌다는 이야기인가요?"

"등기부의 설정 순서에 상관없이 안분배당을 한다는 거죠!"

"지금 무슨 말을 하는지 정말 모르겠어요."

"알겠습니다. 저도 더 길게 말하지 않을게요. 다만 채무액이 늘어날수록 선생님에게 돌아오는 배당금액이 줄어든다는 것만 아시면 될 것 같아요."

"무슨 말인지 통 모르겠는데요?"

"그러시겠죠. 아무튼 이 경우처럼 인수권리가 가압류인 경우에는 경매 선수들에게 다시 한번 자문을 받는 게 좋을 것이라는 말씀만 드리겠습니다."

"그러니까 요지는 가압류 권리를 인수할 때는 나중에 추가되는 저당권이나 가압류 등이 있으면 내가 받을 수 있는 배당금액이 줄어들 수 있으니 주의해라, 그 말씀이잖아요?"

"맞아요. 그 점이 핵심 사항입니다."

"알 듯 모를 듯합니다."

"나중에라도 등기부등본에 변동 사항이 새로 생기면 연락해주세요!"

"그러겠습니다!"

"그리고 한 가지만 더 말씀드리면, 가압류 권리를 인수할 때는 나중에 다른 권리가 추가될 가능성이 있다는 것을 명심하시고, 그렇게 되면 기존의 권리자들에게 돌아가는 배당금액이 적어질 수 있다는 점만 염두에 두시고 공부를 더 해보세요."

"듣고 보니 물타기와 비슷하네요."

"비슷한 게 아니고 말 그대로 '물타기'입니다."

"어렵네요!"

안분배당에서 채권이 추가되면 본래 가압류권자에게 배당금액이 줄어든다. 지금까지는 가압류자가 경매 신청권자였을 때 종교 법인의 특수 물건 낙찰로 소유권을 취득하거나, 아니면 경매 신청권리를 인수해 경매판을 좌지우지해서 입찰보증금을 날리지 않을 경우를 살펴보았다.

인수권리가 가압류일 때 발생 가능한 또 다른 문제

"인수하고자 하는 권리가 가압류일 때 발생할 수 있는 또 다른 문제가 하나 더 있습니다."

"어떤 것일지 대강 알 것 같아요."

"말씀해보세요!"

"가압류는 채권이어서 등기부등본상에 명의 이전이 안 된다고 하셨죠?"

"네, 그렇습니다."

"그러면 이야기 끝난 거죠!"

"맞습니다."

"가압류를 매각한 등기부상의 명의자가 가압류를 매입한 사람 뜻대로 가압류 매각 이후에 고분고분 협조하지 않을 가능성이 있을 것 같아요. 그걸 말하려고 하시는 거 아닌가요?"

"맞습니다. 적극적으로 협조하지 않으면 상당히 곤란한 상황이 올 수도 있습니다."

결론을 말하자면 부동산 등기부상 권리이전이 되는 권리는 이런 문제가 없지만, 부동산 등기부상 권리이전이 안 되는 권리를 매입하려고 할 때는 만반의 대비책을 세우시라고 당부드린다.

필자가 주력하고 있는 후순위 채권 매입 사업

"우리가 지분물건은 물론이고 '후순위 저당권'과 '후순위 가압류'도 매입한다는 소문이 나서 요즘 강남의 기획 부동산 회사에 쪼개기 임야 물건에 투자했다가 물린 사람들도 매각하겠다고 찾아옵니다."

"박사님네 공유지분(=공서방) 사무실이 서울지하철 2호선 강변역에 있는 테크노마트에 있다고 하셨죠!"

"네, 맞습니다."

"정말로 배당 못 받을 후순위 채권을 매입하시나요?"

"그럼요. 조건만 맞으면 매입합니다!"

"'무잉여 채권'을 매입하는 회사를 운영한다는 것이 어떤 말씀인지 이해가 잘 안 됩니다."

"대한민국에서 지금까지 누구도 시도하지 않은 사업 영역입니다."

"지금까지 아무도 하지 않는다는 것을 어떻게 해석하면 좋을까요?"

"둘 중 하나입니다. 돈이 안 되기에 아무도 시작하지 않았거나, 아니면 시장이 존재하는데도 불구하고 발견하지 못해 개척자가 없었거나!"

"박사님네는 후자 쪽으로 판단하고 있다는 말씀이시죠?"

개척할 시장이 있다는 것을 우리는 알고 있다.

"틈새시장일까요?"
"본류가 될 것입니다."
"수익이 발생할까요?"
"누구도 따라오지 못할 시장으로 만들어 보이겠습니다."
"가능할까요?"
"2등 이하 시장 참여자는 장식품 정도에 불과할 절대 시장을 구축하겠습니다."

쓰레기 채권(?)인 후순위 가압류 채권 매입

"경매 들어간 물건에서 배당표를 써 보면 가압류 채권이 배당받은 경우는 극히 드물죠."

경매 결과로 배당 한 푼 못 받은, '쓰레기 채권'을 사겠다는 말에 어안이 벙벙해진 독자들의 당혹스러운 표정이 보인다.

"생각을 뒤집어보면 의외로 신선한 방법이 있습니다."

"아무리 생각해봐도 후순위 가압류 채권을 매입한다는 것이 이해되지 않습니다."

"두고 보시면 됩니다."

어부지리로 주워 먹는 듯한 상황

"앞에서도 말씀하신 것처럼 경매 진행 중인 지분을 매입한다는 아이디어는 그럴듯합니다."

매매로 취득하거나 경매·공매로 취득하거나 어떻게든 지분권자만 되면 지분권자가 가지게 되는 권리를 가질 수 있기 때문이다.

"취지는 알겠는데 어떻게 매입하느냐가 관건이 될 듯합니다."

"답답해서 찾아오는 사람이 태반입니다. 우리가 서두르거나 주저할 이유는 없습니다."

"경매당한 물건의 지분을 매입해본 적 있으신가요?"

"지분물건을 경매로 낙찰받아 확보할 때보다 훨씬 유리합니다."

"왜 그런가요?"

지분물건을 매각하겠다고 의뢰하러 온 기존의 지분 권리자를 통해 해당 물건의 기본적인 정보나 지분권자들에 대해서 상세히 알 수 있기 때문이다. 즉 해당 물건의 기본가치뿐만 아니라, 심지어 다른 지분권자들의 상태까지도 사전에 정확하게 파악할 수 있게 된다. 시작 전부터 도저히 질 수 없는 게임이 된다.

"콩깍지로 콩을 볶는 비극을 경험하게 됩니다."
"상속 등으로 갈라선 형제들의 다툼은 눈 뜨고 보기 불편할 때가 참으로 자주 있습니다."

쓰레기 채권 매입을 위해서는 세 개 회사가 필요

일거양득의 투자 효과를 누릴 수 있는, 후순위 채권 매입을 위해서는 세 개 회사가 필요하다.

첫 번째, 대부 업무를 위한 회사가 필요하다.
"이미 업무를 하고 계시네요."

두 번째, 대출 업무 전담 회사가 필요하다.
"시중의 일반 P2P 회사와 차이점이 뭔가요?"
"지분 투자자들에게 가장 큰 애로사항 중 하나가 뭘까요?"
"경락 융자가 안 되는 부분 아닌가요?"
"바로 그 부분의 애로를 우리 회사가 해결해주겠다는 겁니다."
"꿩 먹고 알 먹겠다는 거네요!"

"이해 잘하셨습니다."

"아무래도 지분 물건 융자니까 이율은 좀 더 높을 거고요. 금액도 비교적 소액일 가능성이 크고, 이래저래 나쁘지 않네요."

지분 물건 잔금 대출에는 숨어 있는 2인치가 또 있다.

세 번째, 지분 매물을 매입하는 조직이 필요하다.

"경매뿐만 아니라 매입을 통해서도 지분을 확보한다는 전략이시네요!"

독자 여러분은 수익률이 높은 만큼 리스크 또한 크다는 사실을 절대 잊지 말아야 한다.

3 장

아무리 바빠도
기본은 알고
시작하자

1. 배당표가 내 생각대로 안 짜여도 손해 안 보기

2. 배당표 한 장 못 쓰면서 무슨 경매를 한다고?

3. NPL투자자에게 더 중요한 소액 임차인 배당

4. 동시배당과 이시배당 정도는 알고 시작하자

5. 가장 임차인에 관한 요즘 경매 법원 분위기

6. 배당이의 제기하는 권리자에 대한 법원 최근 분위기

7. 토지와 건물등기부가 따로인 재경매 배당표

이러한 내용으로 구성된 3장은 경매 투자에서 수익률을 결정 짓는 '배당표'에 관한 내용이다. 경매 투자에서 수익률을 사전에 가늠해보는 방법이 '배당표'를 제대로 쓸 줄 아는지, 못 쓰는지에 있음에도 불구하고, 현재 시중에는 일반 경매 투자자들이 공부할 만한 배당표 책이 거의 없는 실정이고, 그나마 도움이 되는 책이 필자가 쓴《경매·NPL 투자자를 위한 배당표의 모든 것》정도다.

주거용 부동산이나 상가·건물 부동산에서 배당표와 관계있는 사람들은 다음과 같다.

① 채무자(건물소유자) : 배당에 관계없음(잉여 시 자동배당)

② 보증인(건물소유자) : 배당에 관계없음(잉여 시 자동배당)

③ 배당요구한 선순위 임차인 : 배당에 관계있음

④ 배당요구하지 않은 선순위 임차인 : 배당에 관계없음

⑤ 배당요구한 후순위 임차인 : 배당에 관계있음

⑥ 배당요구하지 않은 후순위 임차인 : 배당에 관계없음

⑦ 경매개시결정일 이후 전입자 : 배당에 관계없음

⑧ 주민등록(사업자등록)없는 점유자 : 배당에 관계없음

⑨ 낙찰자 : 배당에 관계없음

⑩ 등기부상 권리자 : 배당에 관계있음

이 장에서는 배당표가 잘못 작성된 경우에 배당일 당일에 대처하는 방법, 경매 배당에서 선순위 임차인을 활용하는 방법, 더 받아간 채권자를 상대로 부당이득금 반환 청구소송을 통해 피해를 최소화하는 방법을 알아보자. 잘못 작성된 배당표로 인해서 낙찰자가 손해를 입지 않을 방법과 문제가 발생했을 때 대처 방법, 피해가 발생했을 때 손해를 줄이는 방법을 살펴본다.

아울러 좀 더 체계적인 배당표 작성을 통한 수익률 분석은 필자가 쓴 《경매·NPL 투자자를 위한 배당표의 모든 것》을 통해 공부해주시기 바란다.

배당표가 내 생각대로 안 짜여도 손해 안 보기

부동산 경매 배당표[13]에 관해서 법원을 상대로 낙찰자가 배당이의를 직접 제기하기에는 현실적으로 많은 어려움이 있다. 배당사건에서 낙찰자는 이해관계인이 아니기 때문이다. 배당표가 정상적으로 짜여 있지 않은 경우, 그 손해는 낙찰자에게 돌아가게 된다. 주거용 부동산이나 상가ㆍ건물 부동산에서 배당표와 관계있는 사람들은 다음과 같다.

① 채무자(건물 소유자) : **배당에 관계없음**(잉여 있는 경매에서는 자동 배당)

② 보증인(건물 소유자) : **배당에 관계없음**(잉여 있는 경매에서는 자동 배당)

---

13) 민사집행법 제149조(배당표의 확정) 제①항은 법원은 채권자와 채무자에게 보여주기 위해 배당기일의 3일 전에 배당표원안(配當表原案)을 작성해 법원에 비치해야 한다. 제②항은 법원은 출석한 이해관계인과 배당을 요구한 채권자를 심문해 배당표를 확정해야 한다.
법에서는 이렇게 규정하고 있지만, 실무에서는 배당기일 당일에야 이해관계인은 배당표와 배당재단 내역을 확인할 수 있을 뿐이다.

③ 배당요구한 선순위 임차인 : 배당과 관계있음

④ 배당요구하지 않은 선순위 임차인 : 배당과 관계없음

⑤ 배당요구한 후순위 임차인 : 배당과 관계있음

⑥ 배당요구하지 않은 후순위 임차인 : 배당과 관계없음

⑦ 경매개시결정일 이후 전입자 : 배당과 관계없음

⑧ 주민등록(사업자등록) 없는 점유자 : 배당과 관계없음

⑨ 낙찰자 : 배당과 관계없음

⑩ 등기부상 권리자 : 배당과 관계있음

①~⑩까지가 통상 배당과 관계가 있는 이해관계인이라고 말할 수 있다. 이 중에서 낙찰자가 신경을 써서 배당에 참여할 수 있게 해야 하는 사람이 '③ 배당요구한 선순위 임차인'이다. 선순위 임차인이 배당요구를 했다고 해서 전액 배당받는다고 할 수 없기 때문이다. 선순위 임차인이 전액 배당받을 수 없는 이유는 순위 배당에서 확정일자 등이 저당권 등보다 권리 성립 순위가 나중이기 때문이다. 그러나 가끔 배당표가 잘못 작성되는 바람에 정당하게 배당에 참여해야 할 선순위 임차인이 배당에서 누락되는 경우도 있다. 선순위 임차인이 어떤 이유로든 배당에서 제외되는 경우에는, 그 금액만큼 낙찰자의 추가 부담으로 귀결된다. 선순위 임차인에게 당초보다 적은 배당금액이 돌아가거나 아니면 배당에서 제외되는 경우다.

낙찰자가 구제받기란 여간해서는 어렵다

이렇게 낙찰자에게 피해가 발생하는 경우, 그 피해를 구제받기가 여간해서는 어렵다. 불가능하지는 않지만, 쉽지 않은 것이 현실이다. 따라서 그런 사태가 발생하지 않도록 예방하는 실력이 낙찰자에게 요구된다.

4장에서는 배당표가 잘못 작성된 경우, 배당 당일에 대처하는 방법, 경매 배당에서 선순위 임차인을 활용하는 방법, 더 받아간 채권자를 상대로 부당이득금 반환 청구소송을 통해 피해를 최소화하는 방법에 대해 이야기한다. 잘못 작성된 배당표로 인해서 낙찰자가 피해를 보지 않을 방법과 문제가 발생했을 때 대처 방법, 피해가 발생했을 때 손해를 줄이는 방법을 살펴보자.

실전 경매 투자자를 위한 배당표를 쓴 필자

"박사님이 쓰신 배당표 책 말고는 현재 시중에서 팔리고 있는 배당표 책 중에서 초보 투자자들이 좀 쉽게 공부할 수 있는 책은 별로 많지 않은 것 같아요."

"없지는 않습니다."

"있기는 한데, 어렵게 써진 책들이 많은 것 같아서요."

"그런 것 같습니다. 아마 제가 현재 우리나라 경매 투자자들이 그래도 좀 쉽게 배당관계를 공부할 수 있는 배당표 책을 거의 유일하게 쓴 사람일 것 같습니다."

"왜 그렇게 어렵게 쓸까요?"

"글쎄요. 제가 대답하기는 적절하지 않지만, 배당 기본에 관한 사항을 너무 이론적으로만 풀어가거나, 인터넷 등에서 사례를 참고해서 생기는 문제인 것 같아요!"

"박사님 책, 현재도 팔리고 있나요?"

"대형서점에 가면 있다고는 하는데, 책의 성격상 많이 팔리는 책은 아닙니다."

"왜 그런가요?"

"사실은 권리분석 책이나 배당표 책이 병아리 유혹용 책보다 더 많이 팔려야 하는데 주객이 전도된 것은 맞습니다."

잘 안 팔리는 책을 쓰는 이유

"배당표 책은 출간해주려는 출판사도 그리 많지 않은 것이 현실입니다. 그렇다고 누구를 원망하려고 하는 말은 절대 아니고요."

"아무래도 그럴 것 같아요!"

"저도 제 배당표 책을 출판해줄 출판사를 찾느라고 애 좀 먹었습니다."

"잘 안 팔리는 책을 굳이 쓰시는 이유는 무엇인가요?"

"잘 안 팔리는 책이라도 꼭 필요한 책이라면 써야 하는 것이 먼저 배운 자가 해야 할 일입니다."

"배당표 책은 경매 공부에 꼭 필요한 책이라는 말씀이신가요?"

"'잘 팔리는 책 = 좋은 책', '잘 안 팔리는 책 = 안 좋은 책'이라는 등식은 절대 성립할 수 없습니다."

"절대 공감합니다."

"그렇지만 출판사는 엄연히 영리를 목적으로는 해야 하는 현실을 무시할 수 없습니다."

"배당표 책은 혼자 공부하기가 그리 쉽지는 않은 것 같아요."

"법원 경매에 투자하겠다는 사람이 배당표 관계를 이해하지 못하면, 수익 높은 경매 물건에 도전하기가 어렵습니다."

"좋은 방법이 없을까요?"

"평생 한 번 만날까 말까 한 특이한 판례들을 훈장처럼 쭉 나열하고 있는 특이한 책이나 법령 해설로 두꺼운 책에 온 신경을 집중하지 마시고, 일반적인 사례를 좀 쉽게 설명하고 있는 책을 구입해서 여러 번 반복해서 공부하시면 이해됩니다."

배당표 작성 연습을 공부하는 좋은 방법은 먼저 배당표 작성원리를 익히는 것이다. 배당표 작성의 특징은 패턴이 '반복적'으로 진행된다는 점이다. 따라서 기본적인 사항을 먼저 이해하면, 그다음은 그리 어렵지 않다.

필자는 향후 유튜브 동영상 채널(우박사 TV)을 통해 배당표 작성 전반에 대해 무료 강의를 운영할 계획이고, 현재도 기초 과정과 권리 분석을 동영상으로 제작해서 제공하고 있다.

배당표 한 장 못 쓰면서
무슨 경매를 한다고?

부동산 법원 경매에서 입찰을 결정하기까지 중요한 사항 다섯 가지는 다음과 같다.

① 물건분석
② 권리분석
③ 수익성분석
④ 배당표 작성
⑤ 명도 난이도 체크

주택이나 상가물건의 선순위 임차인 또는 배당요구 안 한 임차인 분석을 잘못하거나, 배당표를 잘못 써서 망한 사례는 트럭으로 실어도 모자랄 지경이다.

앞의 ① 물건분석, ② 권리분석, ③ 수익성분석, ④ 배당표 작성,

⑤ 명도 난이도 체크 중에서 ② 권리분석, ③ 수익성분석, ④ 배당표 작성은 한 줄로 연결되어 있다.

권리분석이나 수익성분석의 시작점은 배당표 작성이다. 즉 배당표 작성은 경매의 기본 중 기본인데, 배당표 작성에 관한 별다른 공부나 제대로 된 준비 없이 응찰하는 분들의 강심장이 부러울 뿐이다. 그 피해는 돈으로 메우거나 입찰보증금을 포기하거나 둘 중 하나다.

긴말이 필요 없다. 선순위 임차인이 배당을 다 받지 못하거나 배당요구를 하지 않았다면, 그 전세보증금은 낙찰자가 무조건 추가로 물어주게 되어 있다. 경매로 투자할 때 소요되는 자금은 투입가격과 처분가격으로 나누어진다. 배당표 작성도 못 하면서 응찰하겠다는 것은 물건가격도 모르는 상태에서 계약서에 사인하겠다고 우기는 꼴이다. 배당표를 쓰지 못한다면 투입가격을 산정할 수가 없다. 당연히 응찰 불가다. 배당표를 정확하게 작성할 수 있어야 한다는 말은 두 번 말할 일이 아니다. 그런데도 일을 저지르는 사람들이 있다.

특별법 적용 대상 경매 물건 권리분석 오류 사례

주택이나 상가 건물 등 '임대차 특별법' 적용 대상이 되는 경매 물건을 응찰하고자 하는 경우, 대표적인 권리분석 오류 사례 열 가지는 다음과 같다.

① 말소기준권리를 잘못 분석했다.

② 선순위 임차인 권리를 잘못 분석했다.

③ 선순위 전세권분석을 잘못했다.

④ 배당요구종기일을 잘못 봤다.

⑤ 소액 임차인 최우선변제를 잘못 분석했다.

⑥ 임차권등기를 후순위로 분석했다.

⑦ 확정일자를 잘못 분석했다.

⑧ 가압류 배당을 잘못 분석했다.

⑨ 국세인 당해세 배당을 잘못 분석했다.

⑩ 상가임차인을 잘못 분석했다.

대항력 있는 임차인이 자신의 임차보증금 전액을 경매로 배당받지 못하는 경우, 낙찰자는 낙찰대금만으로 모든 게 끝이 아니라는 말이다. 추가로 물어주는 임차인이 두 눈 벌겋게 버티고 있다는 것을 모르고 어떻게 응찰할 수 있다는 말인가.

또한 옥탑방 임차인은 주택임차인으로 보호 대상이 되는지 안 되는지, 된다면 소액 임차인에 해당되어 얼마를 최우선 배당으로 배당받는지를 모르고 어떻게 응찰한다는 말인가.

이런 정도의 물건에 대한 임차인분석과 권리분석은 기본 중의 기본이다. 그러나 이 정도의 물건분석도 우습게 보고 응찰하다 실패한 사람들의 사례는《위험한 경매》를 참고해주시고, 배당표 작성에 관한 것은 필자가 운영 중인 유트브 채널 '우박사 TV'를 통해 심도 있게 공부해주시기 바란다.

NPL 투자자에게 더 중요한
소액 임차인 배당

소액 임차인에게 적용되는 최우선변제보호

이런 정도의 기본적인 이론 공부도 없이 수억 원을 동원하는 경매 투자자들도 있다고 말하면 쉽게 믿지 못하겠지만, 사람이 무식하면 얼마나 용감해질 있는지를 잘 보여준 낙찰 사례가 있다. 동대문구 휘경동에 있는 단독주택에 응찰했다가 낭패를 본 김진○ 씨의 사례를 보자.

대지면적이 47평이고 건평은 1층(2가구), 2층(2가구), 반지층(3가구), 옥탑방(1가구)으로 이루어진 단독주택이었다. 이 주택을 3억 2,000만 원에 낙찰받은 김 씨는 소액 임차인들에게 먼저 배당금이 돌아가 버리는 바람에 선순위 임차인들에게 돈을 더 물어주지 않을 수 없었다.

감정가격이 3억 6,000만 원이던 이 물건의 임차인 개요는 대강 다음과 같았다.

* 임차인 현황

① 반지층 임차인 - A : 임차보증금 2,000만 원/월세 10만 원

② 반지층 임차인 - B : 임차보증금 1,800만 원/월세 15만 원

③ 반지층 임차인 - C : 임차보증금 1,500만 원/월세 18만 원

④ 1층 임차인 - D : 임차보증금 6,500만 원

⑤ 1층 임차인 - E : 임차보증금 4,000만 원/월세 25만 원

⑥ 2층 임차인 - F : 임차보증금 6,500만 원

⑦ 2층 임차인 - G : 임차보증금 3,500만 원/월세 20만 원

⑧ 옥탑방 임차인 - H : 임차보증금 1,500만 원/월세 25만 원

복잡해 보이지만 공부 좀 하시라

등기부(등본)상 저당권 설정 일자가 2004년 3월이고, 부동산 소재지가 서울 휘경동이다. 이 기준으로 따지면 주택임대차보호법상의 소액최우선변제에 해당하는 임대차보증금은 4,000만 원 이하 임차인이 대상이다. 최우선 배당금은 임차인당 최고 1,600만 원까지다.

따라서 당초 정확한 배당순위는 다음과 같다.

① 반지층 임차인 - A : 소액최우선 배당금 1,600만 원

② 반지층 임차인 - B : 소액최우선 배당금 1,600만 원

③ 반지층 임차인 – C : 소액최우선 배당금 1,500만 원

④ 1층 임차인 – E : 소액최우선 배당금 1,600만 원

⑤ 2층 임차인 – G : 소액최우선 배당금 1,600만 원

⑥ 옥탑방 임차인 – H : 소액최우선 배당금 1,500만 원

총 9,400만 원은 권리의 성립 순위에 상관없이 먼저 배당이 실행된다는 점이다. 왜냐면 주택임대차보호법과 그 시행령에서 그렇게 규정하고 있기 때문이다. 이 부분은 이해해야 하는 부분이 아닌, 외워야 하는 부분이다.

따라서 낙찰금액 3억 2,000만 원으로 배당한다면 최우선 배당에서 무조건 9,600만 원이 배당되고 난 나머지를 가지고 순위 배당이 실시된다. 이 물건 임차인의 확정일자까지 고려한 권리 성립 순서는 다음과 같다.

① 1층 임차인 – E : 임차보증금 4,000만 원/월세 25만 원(확정일자 있음)

② 1층 임차인 – D : 임차보증금 6,500만 원(확정일자 있음)

③ 2층 임차인 – F : 임차보증금 6,500만 원(확정일자 있음)

④ 2층 임차인 – G : 임차보증금 3,500만 원/월세 20만 원(확정일자 있음)까지 선순위 임차인이고, 다음부터는 후순위 임차인이었다.

⑤ 반지층 임차인 – B : 임차보증금 1,800만 원/월세 15만 원

⑥ 반지층 임차인 – C : 임차보증금 1,500만 원/월세 18만 원

⑦ 반지층 임차인 – A : **임차보증금 2,000만 원/월세 10만 원**

⑧ 옥탑방 임차인 – H : **임차보증금 1,500만 원/월세 25만 원**

동시배당과 이시배당 정도는
알고 시작하자

원칙은 이시배당 현실은 동시배당

강남구 논현동에 사는 이철○ 씨는 강서구 방화동 방화뉴타운 내에 있는 연립주택에 응찰했다가 2년 이상 배당이 안 되는 황당한 경험을 했다. 사건 번호는 하나인데, 단지 연립주택 6동 48가구가 개별 경매로 진행된 케이스에 응찰한 것이다.

이철○ 씨는 ○○빌라 2동 402호 물건번호[16번]에 응찰했다. 물건 내역을 보면 다음과 같다.

물건내역

- 사건 번호 : 202*-125**[물건번호 1~48]
- 주소 : 강서구 방화동 동림빌라 2동 402호[물건 번호 16]
- 동 수 : 6개 동
- 총 물건 수 : 48가구
- 물건 번호 : [1]~[48]
- 개별 경매로 총 48개 물건이 경매 진행되는 경우다.

물건번호가 없는 경우 시간표

만약 물건번호가 없이 경매가 진행되는 경우의 시간표를 보면 대체로 다음과 같다.

- 사건 번호 : 202*-125**
- 경매개시일 : 202*년 11월
- 배당종기일 : 202*년 3월
- 주소 : 서울시 강서구 방화동 동림빌라 1동 101호
- 1차 입찰일 : 202*년 7월 10일[1차 입찰일 : 결과 ⇒ 유찰]
- 2차 입찰일 : 202*년 8월 20일[2차 입찰일 : 결과 ⇒ 낙찰]
- 매각허부기일 : 202*년 8월 27일[매각허부결정기일 : 결과 매각허가
- 매각대금납부기한일 결정일 : 202*년 9월 15일
- 매각대금납부기한일 : 202*년 10월 10일까지

- 낙찰자매각대금납부 : 202*년 10월 10일 납부
- 법원배당기일결정일 : 202*년 10월 25일
- 배당기일 : 202*년 11월 20일
- 명도 실행 : 배당집행일 이후
- 처분 : 명도 실행으로 부동산 점유의 시간표로 경매 전체가 진행된다고 보시면 된다.

마무리까지 통상 2~3개월 소요

대강의 시간표를 보면 낙찰일로부터 3개월, 잔금 납부일로부터 30~40일 정도 후가 배당 기일이다. 자금을 투하하고 회수하는 문제에서 배당과 명도 문제는 중요한 의미가 있다. 경매 사건에서 배당이 완료되어야 낙찰자는 비로소 온전한 재산권 행사가 가능하기 때문이다.

배당(表)이 확정되어야 임차인을 상대로 명도 작업을 구체적으로 실행할 수 있다. 특히 후순위 임차인이 부동산을 점유하고 있는 경우 배당이 완료되지 않으면 합법적인 명도 작업을 추진하기가 어렵다. 이처럼 한 사건 번호에서 물건 하나만 경매되는 경우는 별다른 문제가 없다.

그러나 이철○ 씨가 응찰했던 물건처럼 여러 개의 물건이 한 경매 사건 번호로 개별 경매되는 경우, 지금 살펴보는 것처럼 진행되지 않는 경우가 일반적이다. 예를 들어보자.

물건번호가 있는 경우 시간표[물건번호 1~48]

- 사건 번호 : 202*-125**[물건번호 1~48]
- 경매 개시일 : 200*년 11월
- 배당종기일 : 200*년 3월
- 주소 : 서울시 강서구 방화동 동림빌라 1동 101호[물건번호 1]
- 1차 입찰일 : 200*년 7월 10일[1차 입찰일 : 결과 ⇒ 유찰]
- 2차 입찰일 : 200*년 8월 20일[2차 입찰일 : 결과 ⇒ 낙찰]
- 매각허부기일 : 200*년 8월 27일[매각허부결정기일 : 결과 매 각허가결정]
- 매각대금납부기한일 결정일 : 200*년 9월 15일
- 매각대금납부기한일 : 200*년 10월 10일까지
- 낙찰자매각대금납부 : 200*년 10월 10일 납부로 일단 소유권 은 취득한다. 그렇게 경매가 진행된다.

물건번호가 있는 경우는 달라질 수 있다

이 사건의 다른 물건[물건번호 2]을 다음과 같이 가정해보자.

- 사건 번호 : 202*-125** [물건번호 1~48]
- 경매개시일 : 202*년 11월
- 배당종기일 : 202*년 3월
- 주소 : 서울시 강서구 방화동 동림빌라 1동 102호[물건번호 2]

라고 하자.

- 1차 입찰일 : 202*년 7월 10일[1차 입찰일 : 결과 ⇒ 유찰]
- 2차 입찰일 : 200*년 8월 20일[2차 입찰일 : 결과 ⇒ 유찰]
- 3차 입찰일 : 200*년 9월 25일[3차 입찰일 : 결과 ⇒ 낙찰]
- 매각허부기일 : 200*년 10월 2일[매각허부결정기일 : 결과 매각불허가결정]
- 매각불허가결정 : 매각불허가 결정에 낙찰자 불복 – 이의신청 제기
- 매각불허가이의제기 : 기각, 또는 각하
- 매각불허가 기각 또는 각하 : 낙찰자 다시 불복, 이의소송제기
- 1심 법원 : 낙찰자 패소
- 1심 법원결정에 : 낙찰자 불복, 2심에 이의소송제기
- 2심 법원 : 낙찰자 패소
- 2심 법원결정에 : 낙찰자 불복, 3심에 이의소송제기
- 3심 법원 : 낙찰자불복 사유 이유 없음으로 최종패소 확정으로 1심, 2심, 3심까지 오는 시간을 2년 정도 걸렸다고 가정하자.
- 3차 입찰일 : 202*년 9월 30일[3차 입찰일 : 결과 ⇒ 낙찰]
- 매각허부기일 : 202*년 10월 7일[매각허부결정기일 : 결과 매각허가결정]
- 매각대금납부기한일 결정일 : 202*년 10월 20일
- 매각대금납부기한일 : 202*년 11월 10일까지
- 낙찰자매각대금납부 : 202*년 11월 10일 납부
- 법원배당기일결정일 : 202*년 12월 26일

- 배당기일 : 202*년 1월 20일
- 명도 실행 : 배당집행일 이후이라고 하면, 다른 물건을 먼저 낙찰받은 사람들은 곤란한 상황에 처하게 된다.

진행 상황을 도대체 가늠할 수 없다

이렇게 되면 물건번호 [1]번을 낙찰받은 사람은 202*년 10월 10일 잔금 납부로 소유권은 취득했지만, [2]번 물건의 매각대금이 납부될 때까지 법원은 배당기일을 지정하지 않는다. 좀 더 구체적으로 말씀드리면 48개 물건의 모든 매각대금이 납부되기 전까지는 법원은 배당기일을 지정하지 않는다.

따라서 [1]번 물건을 낙찰받은 사람은 그 사건 번호의 마지막 물건번호의 물건 낙찰대금이 들어올 때까지 기다려야 한다. 2~3년 이상, 또는 그 이상의 시간을 하염없이 기다려야 하는 경우마저 발생할 수 있다. 배당원칙은 이시배당(異時配當)이지만, 실무에서는 거의 동시배당(同時配當)으로 배당하기 때문이다.

이시배당이라 함은 물건별로 매각대금이 납부되는 대로 건건이 배당을 실시하는 것을 말하고, 동시배당은 그 사건 번호로 경매 진행된 모든 물건의 매각대금이 전부 완납된 상태에서 한 번에 배당을 진행하는 것을 말한다(민사집행법상에서는 다른 의미로도 사용되지만, 여기서는 일단 이 개념으로 이해해주시기 바란다).

무조건 기다리란다

"한 건 하는 데 두세 달이면 충분하다고 그러던데요?"

"누가요!"

"시중의 경매 책들이 거의 그렇게 설명하고 있잖아요?"

"그렇지 않습니다. 그것은 사건 번호 하나에 한 물건만 진행되는 경우이고, 이 사건 같은 개별 경매는 심하게는 2~3년 걸리는 경우도 허다합니다. 모르셨어요?"

"뭐라고요? 2~3년이나 걸린다는 말씀이세요?"

"기다리시면 배당기일이 잡혔다는 송달을 받으실 겁니다. 돌아가세요!"

"이런 경우도 있네요?"

허망하게 발길을 돌렸다. 도무지 이해되지 않았다. 시중의 어떤 경매 책에도 이런 내용은 단 한 줄도 쓰여 있지 않았다는 생각만 스칠 뿐이었다. '동시배당'과 '이시배당'의 의미도 모르면서 경매판에 뛰어든 자신이 어리석게만 느껴졌다.

참다못해 경매계로 전화를 할 때마다 담당계장은 2년 이상을 "기다리세요!"라는 말뿐이었다. 그사이 경매계장이 바뀌는 것도 보았고, 담당판사가 바뀌는 것도 보았다.

아파트나 오피스(텔), 또는 전문 상가처럼 수십에서 수백 개의 개별 부동산이 개별 경매로 진행되면서 각각 물건번호가 있는 경우에는 '낙찰 → 잔금 납부 → 배당 → 명도'까지의 과정에 많은 시간이 소요된다는 것을 미리 알고 있어야 한다. 자금 조달이나 자금 상환, 처분 계획 등에서 문제가 발생할 가능성이 크다.

가장 임차인에 관한
요즘 경매 법원 분위기

낙찰자의 입장과는 상관없는 배당장 분위기

필자가 서울시 봉천동에 있던 네 가구가 살던 다가구 주택을 낙찰받았던 물건으로, 서울중앙법원 경매 배당장에서 경험했던 실제 사례다.

"문희○ 씨! 정말 임차인이신가요?"

"네!"

"채권자인 성업공사에서 '임차인 배제신청 및 배당금지청구' 신청서를 접수했는데요?"

"제가 세입자 맞는데요?"

"집주인이 대출 신청할 때 낸 임차인 부존재확인서나 주민등록 세대 열람기록을 보아도 세입자가 없었던 것으로 나타나고 있거든요?"

"저는 방값이 싸서 이사 온 거 맞는데요!"

"채권자 말로는 채무자와 인척관계라고 하던데 맞나요?"

"네, 그건 그렇습니다!"

배당일에 배당장에서 배당을 담당하는 판사와 가짜 세입자로 의심받고 있는 임차인 사이에 오고 간 대화의 일부다.

"어떤 관계세요. 채무자하고는?"

"채무자가 오빠 아들입니다."

"그러면 친고모 되시는 건가요?"

"네!"

"여기서 거짓말하시면 안 됩니다!"

"지금 거짓말하고 있는 거 아닌데요!"

"임대보증금은 어떻게 주셨어요?"

"임대보증금이 뭔데요?"

"조카에게 집 빌리겠다고 계약서 쓸 때 주셨을 계약금하고, 집 이사 들어갈 때 잔금으로 준 돈 말입니다."

"두 가지 다 주었지요."

"그러니까 어떻게 주었냐고 묻고 있는 겁니다."

"주었다니까요!"

"그러면 은행송금 영수증이나 통장 사본을 제출하세요."

"그런 건 없는데요!"

"왜 없을까요?"

"현금으로 한꺼번에 다 주었거든요!"

"어디서 받은 돈인가요? 돈의 출처를 규명할 수 있나요?"

"!?!?!?!?!?!?!?!?!?!?!?!?!?"

"가장 세입자로 판명되면 사문서 위조, 경매 방해죄, 공무집행 방해죄, 사기(미수)죄 등으로 처벌받을 수 있어요."

"제가 세입자 맞다니까요!"

"채권자가 가장 세입자라고 배당에서 제외해주고, 계속해서 배당 받으려고 하면 앞서 말씀드린 법률 위반 등으로 형사 처벌해달라고 요구하고 있어요. 판단 잘하세요."

"형사처벌이 뭔데요?"

"채권자가 고소하면 조사받고, 경우에 따라서는 벌금형은 기본이고 구속까지도 될 수 있다는 말입니다."

"제가 뭘 잘못했다고 잡혀가나요."

"그거야 조사해보면 알게 됩니다!"

"그러면 제가 어떻게 하면 안 잡혀가죠?"

"정당한 임차인이 아니라면 배당요구 하신 거 취소하거나, 아니면 정말 임차인이라는 입증을 하시면 됩니다!"

"그러면 배당요구 한 거 취소하겠습니다!"

가장 임차인으로 인해 배당채권이 줄어드는 채권자

배당에서 가장 임차인으로 인해 배당금이 줄어드는 채권자는 가장 임차인에게 혹독하게 날을 세우는 그룹이다. 외환위기를 거치면서 이런 분위기가 더욱 강화되었고, 이제는 거의 용납 안 하는 분위기가 정착된 듯하다. 최근의 배당장 분위기를 보면 채권자들의 적극적인 노력으로 가장 임차인은 웬만해서는 배당금을 받아가기 어렵다. 가장 임차인이 배당요구를 하면 외환위기 이전에는 어느 정도 묵인하고 배당해주는 분위기가 분명하게 있었지만, 지금은 처음부터 불가능하다.

외환위기 전후의 배당장 분위기

"판사님, 배당에 대해서 한 말씀 드리겠습니다!"

"누구신가요? 채권자신가요?"

"1순위 성업공사 저당권을 인수한 LSF입니다."

"말씀해보세요."

"최승○, 최금○, 이화○, 문희○에게 배당된 부분은 취소해주십시오."

"왜죠? 이유를 말씀해주시겠습니까?"

"최승○, 최금○, 이화○은 같은 가족이고, 문희○은 채무자와 인척관계입니다."

"입증하실 수 있으세요?"

"시간을 조금만 주시면 입증할 수 있습니다."

"그러실 것 같으면 미리 준비해서 오셔야지요!"

"이 사람들에게는 배당을 안 해주실 줄 알았습니다."

"그런 판단을 저당권자가 하나요?"

"그런 건 아닙니다."

"임차인들이 배당에 참여하면 1순위 저당권자의 배당금액이 줄어드나요?"

"네, 상당히 줄어듭니다."

"그렇게 말씀하지 마시고, 정확하게 얼마나 줄어드는지 지금 계산해주시겠어요?"

"약간 시간이 걸립니다."

"채권자는 배당사건에 오시면서 뭘 준비하고 오셨나요? 시간 없으니 채권자의 발언은 그만 듣겠습니다."

"시간을 조금만 주시면 금방 계산하겠습니다."

"저당권자는 발언 그만하세요. 그리고 저당권자가 조금 덜 받는다고 회사가 부도납니까?"

"그런 건 아닙니다만…."

"그러면 가진 사람들이 조금 양보하세요. 주택임대차보호법의 취지도 그렇습니다!"

"저당권자인 우리 회사도 보호받아야 하는 것 아닌가요?"

"가진 사람들이 조금 더 양보해야 세상이 살맛납니다."

"?!?!?!?!?!?!?!?!?!?!?!?!?!?!?!?!?!?"

"그리고 이 정도 금액은 판사 재량 범위입니다."

"?!?!?!?!?!?!?!?!?!?!?!?!?!?!?!?!?!?"

"저당권자가 문제 제기한 임차인들은 당초 원안대로 배당에 참여시켜 배당을 진행하겠습니다. 다른 이해관계인들은 이의 없으시죠?

이것으로 이 건 배당절차를 종료합니다."

　대강 이런 것이 외환위기 전후의 경매 법원 배당장 분위기였다. 그러나 이제는 완전히 달라졌다. 같은 사안에 대해서 최근의 모드로 살펴보자.

배당이의 제기하는
권리자에 대한 법원 최근 분위기

결론부터 말하자면 상당히 엄격해졌다

"판사님, 배당에 대해서 한 말씀 드리겠습니다."

"채권자신가요?"

"네."

"채권자 누구신가요?"

"1순위 성업공사 저당권을 인수한 LSF입니다!"

"말씀해보세요."

"최승○, 최금○, 이화○, 문희○에게 배당된 부분은 취소해주십시오!"

"왜죠? 이유를 말씀해주시겠습니까?"

"최승○, 최금○, 이화○은 같은 가족이고, 문희○은 채무자와 인척관계입니다. "

"입증하실 수 있으세요?"

"시간을 조금만 주시면 입증할 수 있습니다!"

"알겠습니다. 배당이의가 들어온 이들에 대해서는 일단 배당에서 제외하시고 배당을 진행해주시기 바랍니다!"

주장자가 입증해야 한다

"네 분(최승○, 최금○, 이화○, 문희○)은 들으셨죠? 지금 저당권자가 여러분들에게 배당된 각각 1,200만 원을 취소해달라고 하고 있습니다!"

"저희는 임차인이 맞는데요?"

"아직 저당권자와 이야기가 끝나지 않았습니다. 끝나고 나면 말씀하시죠!"

"저당권자에게 묻겠습니다. 그러면 임차인들이 배당에 참여하면 1순위 저당권자의 배당금액이 줄어드나요?"

"네, 상당히 줄어듭니다."

"그렇게 말씀하지 마시고 정확하게 얼마나 줄어드는지 지금 계산해주시겠어요?"

"네, 약간 시간이 걸립니다!"

"그러면 지금은 시간 없으니 채권자의 이의신청은 일단 받아들여 최승○, 최금○, 이화○, 문희○에게 배당된 부분은 일단 보류하고 배당을 계속하겠습니다. 그동안 저당권자는 대략적으로라도 변동금액을 계산해서 써서 제출해주세요"

"수기로 써도 괜찮을까요?"

"일단 그렇게라도 해주시기 바랍니다!"

"잘 알겠습니다. 그렇게 하겠습니다!"

허위로 권리 신고하면 형사처벌 받을 수 있다

"임차인들에게 묻겠습니다. 말씀 들으셨죠?"

"네!"

"정당한 임차인이라는 것을 증명해주세요. 최승○ 선생님은 확정일자 찍힌 임대차계약서를 제출해주시고, 호적초본도 제출해주세요. 송금영수증도 함께 다음 주 화요일까지 제출해주세요!"

"그걸 왜 제출해야 합니까?"

"저당권자의 이의가 정당한지, 선생님의 배당요구가 정당한지 보려고 그럽니다. 제출해주세요. 제출하지 않으시면 제 판단대로 결정하겠습니다."

"?!?!?!?!?!?!?!?!?!?!?!?!?!?!?!?!?!?"

"문희○ 선생님도 들으셨죠."

"네!"

"문희○ 선생님도 마찬가지로 서류를 제출해주세요."

"?!?!?!?!?!?!?!?!?!?!?!?!?!?!?!?!?!?"

"저당권자가 문제 제기한 임차인들을 제외한 당초 원안대로 배당을 진행하겠습니다. 다른 이해관계인들은 이의 없으시죠? 이것으로 이 건 배당절차를 종료합니다."

이것이 요즘 경매 법정의 일반적인 분위기다.

앞에서도 말씀드렸듯이 낙찰자는 배당사건에서 이해관계인이 아니다. 즉 아무런 발언권이 없다. 따라서 배당에 직접 영향을 미치기가 쉽지 않다. 그렇지만 가장(假) 임차인의 존재로 낙찰자 추가 부담이 발생할 경우에 대비해서 두 가지 대안을 미리 세워서 배당장에 가는 것이 현명하다. 첫째는 채권자와 미리 접촉하는 전략을 세우는 것이다. 채권자가 금융기관이라면 협조를 구하는 것은 그리 어렵지 않다. 두 번째는 선순위 임차인이 있는 경우에는 그에게 협조를 받는 것이다.

추가 부담을 줄이기 위한 낙찰자의 배당장 전략

"선생님, 배당장에서 정신 안 차리면 인수금액이 정신없이 늘어난다고 하셨잖아요?"

"그렇죠!"

"그런데 현실적으로는 배당에 개입할 여지가 별로 없잖아요."

"맞아요. 어떻게 해서라도 개입해서 정확하게 작성되도록 해야 하는데, 효과적인 방법이 그리 많지는 않아요!"

"요즘 법원 분위기를 보면 가장 임차인에 대해서 옛날보다 굉장히 엄격하게 대하는 것 같아요."

"그렇기는 하지만, 판단하기 어려운 부분이 있어요!"

"채권자들이 적극적으로 배당에서 가짜 임차인들은 제외하려고 한다면서요?"

"채권자들 입장에서 보면 당연한 일이죠!"

"이럴 때 낙찰자는 어떻게 하는 것이 현명할까요?"

"상황에 따라 융통성 있게 대처하는 수밖에 없습니다!"

"그게 무슨 말씀이세요?"

"그러니까 대처 방법이 물건의 조건에 따라 달라야 한다는 것이죠!"

"그게 가능할까요?"

"그러니 경험이 많지 않으면 효과적인 방법으로 대처하기가 쉽지 않을 수 있죠!"

"설명을 좀 쉽게 해주세요."

문제가 될 만한 선순위 임차인은 사전에 접촉해라

"문제가 될 만한 임차인은 그 사람 입장을 잘 파악하셔야 합니다!"

"선순위 임차인을 말씀하시나요?"

"그렇지요. 낙찰자로서는 선순위 임차인은 반드시 내 편으로 만들어놓고 배당판에 임해야 합니다!"

"그게 마음대로 될까요?"

"그렇죠, 어려운 부분입니다. 그러니까! 더 애를 써야죠!"

"임차인 중에는 경매하는 사람들이라면 무서워하거나 이유 없이 백안시하는 사람들도 있잖아요."

"아직도 그런 사람들이 꽤 있습니다!"

"그래서 더 어려운 것 같아요."

"경매한다고 하면 빨간 뿔이라도 달린 사람으로 생각하는 사람들도 있어요. 특히 경매로 집을 비워주어야 하는 사람은 선순위 임차인이든, 후순위 임차인이든 그렇게 생각하는 사람들이 있어요."

"그런 마당에 낙찰자 편으로 만드는 게 쉽지 않다는 것을 말씀하시고 싶으신 거죠!"

"어떻게든 내 편으로 만들어놓을 필요는 있습니다!"

"접촉했다가 오히려 혹만 더 붙일 수도 있지 않을까요?"

"그런다고 시도조차 안 할 수는 없잖아요!"

"들을수록 어려워지네요."

"그러니 더욱 스릴 있어 좋습니다!"

선순위 임차인은 부담이 없다

"아무튼 내 편으로 만들어놓고 배당장에 가라는 것만은 원칙이라는 말씀이시죠!"

"원칙이라고까지 말하기는 어렵지만, 최대한 그래야 한다는 것이죠. 배당이 잘못된 다음 물어주고 나서 돌려받기란 불가능에 가깝거든요!"

"잘못 배당된 금액을 돌려받으려면 소송해야죠."

"그렇죠, 더 받아간 사람이나 채권자를 상대로 반환 청구소송을 한다는 것이 쉽겠어요? 그리고 승소한다고 해도 돈이 없다고 해버리면 받기도 어렵고…."

"들어볼수록 배당문제는 배당장에서 해결하는 것이 바람직하겠네요!"

"그렇죠, 정답입니다."

토지와 건물등기부가 따로인
재경매 배당표

1,300만 원 보증금 날린 재매각 사건

재매각 사건이란, 경매 물건에서 먼저 낙찰받은 낙찰자가 어떤 이유에서든 법원이 매각허가를 내려 잔금을 납부할 수 있는 기회를 주었는데도 법원이 정한 잔금 납부기한일까지 잔금을 납부하지 않은 경우, 경매 법원은 먼저 낙찰받은 사람이 입찰 시 제공한 입찰보증금을 몰수하고, 다시 매각 기일을 지정해 경매를 진행하는 경우를 말한다. 전 낙찰자가 있는 재매각(재경매) 사건의 경매 진행 때는 경매 법원은 통상은 10%인 입찰보증금의 두 배 또는 세 배에 해당하는 입찰보증금을 제공하게 하는 '특별매각조건'으로 경매 입찰을 진행하는 것을 원칙으로 한다.

다음의 경매 사례가 이런 경우로, 잔금 미납 원인이 주택 경매에서 선순위 임차인이 있어 배보다 배꼽이 더 큰 경우였다. 입찰보증금을 날린 사례를 정보지와 실제 배당표를 통해 구체적으로 살펴보자.

서울 동부법원 19**타경199**				
주 소/감정서	물건번호/면적(㎡)	감정가/최저가/과정	임대차조사현황	구분/권리/등기/금액
서울 광진구 화양동 34-*** ● 감정평가서정리 - 건국대학 서측 - 차량 출입 가능 - 일반 주택 밀집 - 정방형 평지 - 2종 일반주거 - 도시가스 공급식 - 청구액 : 88,000,000	대지 108.8 (32.9평) 건물 - 1층 59.9(18.1평) (방3. 화장실2) - 2층 56.3(17평) (방3) - 지층 59.96(18.1평) (방3. 화장실2) - 옥탑 24.6(7.4평) 방 1. 연면적 제외 1996.1.17. 보존 - 응찰자 수 : 5명 - 낙찰자 : ○○○	감정가 194,078,700 최저가 99,368,280 (51.2%) 변 경 20.10.28 유 찰 20.11.25 유 찰 21.01.06 낙 찰 21.02.12 130,040,000 낙 찰 21.10.15 133,000,000	류수○ 전입 96.01.15 확정 96.01.15 배당 00.09.26 (보) 29,000,000 조동○ 전입 97.03.20 확정 97.03.13 배당 00.10.25 (보) 53,000,000 정용○ 전입 96.02.21 배당 01.02.02 (보) 58,000,000 유명○ 전입 96.04.10 배당 00.10.21 (보) 60,000,000 1층전부 방3 정정○ 전입 97.03.20 확정 98.01.07 배당 01.07.19 (보) 29,000,000	가압류 : 농협중앙 97.03.27 300,000,000 저당권 : 조흥은행 97.11.14 260,000,000 강제 : 농협중앙 97.11.19 임의 : 조흥은행 채권관리단 98.02.11 임차권 : 조동○ 98.03.09 53,000,000 * 건물등기임 * 토지저당권 95.11.17
주 의 사 항	* 매각보증금 20%, 토지별도등기 있음. 미등기 제외 부분 매각 포함			

이 물건 역시 경매지만 보고서는 뭐가 뭔지 알 수가 없다. 누가 얼마를 배당받고, 또 받지 못하는지 말이다. 임차인 중 낙찰자가 추가로 물어주어야 하는 사람은 누구인지, 그 금액은 얼마인지도 통 알 수가 없다. 알 수 있는 것이라고는 네 명의 임차인이 있고, 그들의 총 임차보증금액이 2억 2,900만 원[=류수○(2,900만 원)+조동○(5,300만 원)+정용○(5,800만 원)+유명○(6,000만 원)+정정○(2,900만 원)]이라는 정도다.

다음 배당표는 2001년 10월 15일 재매각일 때 낙찰받은 사람이 매각대금을 납부하자, 법원이 확정 작성한 배당표 실물이다. 배당표의 명세란을 보면, 전 낙찰자가 입찰보증금으로 제공했던 1,300여 만 원을 몰수당한 재경매 사건이라는 것을 알 수 있다.

경매 정보상의 주의사항란

① 매각보증금 20%

재매각(재경매) 물건으로 입찰보증금이 통상의 두 배인 20%라는 것을 말해주고 있다.

② 토지별도등기 있음

토지와 건물의 소유자는 동일하지만, 토지와 건물등기부에 저당권 등 제한 물권 또는 가압류 등의 설정 내역이 서로 다르다는 의미다. 권리분석을 더 정확해야 한다.

㉮ 서울지방법원 동부지원

배 당 표

㉯ 2000타경 199**　　　　　㉰ 부 동 산 강 제 경 매

② 배 당 할 금 액	금	146,402,762	

① 명 세	매 각 대 금	금	133,000,000
	지 연 이 자	금	0
	전 낙찰인의 경매 보증금	금	**13,004,000**
	항 고 보 증 금	금	0
	보 증 금 이 자	금	398,762

③ 집 행 비 용	금	3,751,710	
④ 실제배당할금액	금	142,651,052	

⑤ 매 각 부 동 산	서울시 광진구 화양동 34-***, 108.8평방제곱미터 및 위 지상 건물

⑥ 채 권 자	류수○	정정○	농협중앙
⑦ 채 권 금 액 — 원 금	29,000,000	29,000,000	60,000,000
이 자	0	0	65,367,120
비 용	0	0	0
계	29,000,000	29,000,000	125,367,120
⑧ 배 당 순 위	1	1	2
⑨ 이 유	소액 임차인	소액 임차인	신청채권자
⑩ 채 권 최 고 액	12,000,000	12,000,000	79,817,749
⑪ 배 당 액	12,000,000	12,000,000	79,817,749
⑫ 잔 여 액	130,651,052	118,651,052	38,833,303
⑬ 배 당 비 율	100.00%	100.00%	100.00%
⑭ 공 탁 번 호 (공 탁 일)	금제　　　호 (　.　.)	금제　　　호 (　.　.)	금제　　　호 (　.　.)

③ 미등기 제외 시 부분 매각 포함

건축물관리 대장이나 부동산 등기부 등본에는 기재되어 있지는 않지만, 현황상 존재하는 부속 건물 등이 존재한다는 뜻으로, 감정 가격에 포함되어 있는 경우에는 등기 여부 등에 상관없이 낙찰로 인해 추가 부담 없이 낙찰자가 소유권을 취득한다는 의미다.

⑥ 채 권 자		광진구청장	류수○	조동○
⑦ 채권 금액	원 금	3,946,450	17,000,000	53,000,000
	이 자	0	0	0
	비 용	0	0	0
	계	3,946,450	17,000,000	17,886,853
⑧ 배 당 순 위		3	4	5
⑨ 이 유		당해세	확정임차인	확정임차인
⑩ 채 권 최 고 액		3,946,450	17,000,000	53,000,000
⑪ 배 당 액		3,946,450	17,000,000	17,886,853
⑫ 잔 여 액		34,886,853	17,886,853	17,886,853
⑬ 배 당 비 율		100.00%	100.00%	33.75%
⑭ 공 탁 번 호 (공 탁 일)		금제 호 (. .)	금제 호 (. .)	금제 호 (. .)

⑮ 2001. 12. 14.

판사 윤 ○ ○ (인)

배당표 읽는 방법

㉮ 서울 동부법원이 작성한 배당표라는 것이다.

㉯ 이 물건의 경매 사건 번호는 2000타경199**이다.

㉰ 경매 종류가 강제경매라는 것을 알 수 있다.

② 배당할 금액이 총 146,402,762원이라는 것을 알 수 있다.

① 매각대금에서 보증금 이자의 합계가 총 146,402,762원이다.

③ 경매 집행비용은 3,751,710원으로, 무조건 먼저 빼가는 돈이다.

④ ②에서 ③을 뺀 금액으로, 실제 채권자들에게 배당할 원금이다.

⑤ '2000타경199**'번에 응찰해서 취득하게 되는 부동산의 범위를 말한다.

⑥ 이 경매 물건을 통해서 실제 배당금을 받는 사람들이다.

⑦ 해당 채권자가 받아야 할 돈의 총액이다.

⑧ 배당에 참가해서 돈을 받은 권리 순서다. 이 순서대로 배당이 진행된다.

⑨ 돈을 받을 권리의 내역을 말한다.

⑩ ⑨번 이유를 통해 받아야 하는 금액의 최고를 말한다.

⑪ ⑩번 이유를 통해 실제 받은 돈이다.

⑫ ④에서 ⑩을 배당하고 난 나머지 금액이다. 순차적으로 줄어드는 것을 볼 수 있다.

⑬ ⑩/⑪의 비율이다.

⑭ '배당이의소송' 등이 제기되어 배당금을 수령할 수 없을 때, 공탁번호로 공탁계에 공탁된다는 것이다.

⑮ 이 배당표가 작성된 날짜와 담당판사를 알 수 있다.

배당표가 작성된 날짜는 응찰일 2001년 10월 15일보다 약 2개월 후인 2001년 12월 14일이라는 것을 알 수 있다. 경매지상에 이름은 있지만, 배당표에 이름이 없는 경우를 주의해야 한다. 특히 선순위 임차인인 경우에 그렇다.

확정된 이 배당표를 보면 선순위 임차인 중 정용○(58,000,000원), 유명○(60,000,000원), 조동○(35,113,147원), 정정○(17,000,000원)가 배당받지 못한 상태에서 배당이 종료된 것을 알 수 있다. 이 배당표가 이해가 안 되는 병아리분들은 공부를 한참 더 해야 한다. 이해되기 전에는 '토지별도등기가 있는 물건' 근처에는 얼씬거리지 말자.

총알 한 방에 두 명이 쓰러지다

낙찰자가 추가로 물어주어야 할 선순위 임차인의 보증금액이 총 170,113,147원에 이른다. 응찰 시점에 추가인수금액이 얼마인지 모르고 응찰한다는 것은 언어도단(言語道斷)이라는 것을 여실히 증명하고 있다.

물건은 '낙찰대금+인수비용'을 합해 총 약 3억 1,500만 원 정도가 소요된다. 응찰 시점에서 이 가격에 낙찰받아도 수익 달성이 가능하다는 판단이 서야 한다. 그렇지 않으면 절대 응찰할 수 없는 물건이다. 응찰가격은 1억 3,300여 만 원이고, 추가 인수비용이 1억

7,000여 만 원이다. 배보다 배꼽이 더 크다. 임차인 분석을 대충 하고 응찰했다가 인수금액이 감당하지 못할 만큼 커져버린 물건이다.

이래서 처음 낙찰받았던 사람은 입찰보증금을 포기하지 않을 수 없었다. 배당표의 명세란 중 전 낙찰인의 경매 보증금란을 보면 13,004,000원이 몰수된 것을 볼 수 있다. 경매 대박의 환상곡이 높게 울려 퍼지고 있지만, 실상은 그렇지 못한 무수한 사례들 중 하나다.

토지별도등기 있는 '단독-다가구-근린주택 경매 물건'의 배당표 정도는 해독할 수 있어야 경매 투자가 가능하다. 총알 한 방에 두 명이 동시에 쓰러지고 말았다.

4장

세상일이
내 마음대로
안 되어도
손해 안 보기

1. 배당표가 잘못 작성된 경우의 배당 당일 대처법

2. 경매 배당장에서 선순위 임차인 활용해 이의제기

3. 배당 전체 과정을 확실하게 통제할 수 있어야 한다

4. 가장 임차인이 소액이라도 받아야 좋은 경우

5. 가장 임차인이 적반하장격으로 나오는 경우

6. 더 받아간 채권자 상대로 부당이득금 반환 청구소송

이러한 내용으로 구성된 4장은 앞의 3장에서 학습한 것과는 달리, 어떤 이유에서인지는 알 수 없지만, 경매법원이 작성한 '배당표'가 민사집행법 등의 규정과 다르게 작성된 결과로 낙찰자에게 피해가 발생하게 되었을 때를 대비해서 알아두어야 할 내용과 배당 당일에 낙찰자의 대처법과 배당이의 제기 가능한 이해관계인과 배당이의 방법 등을 공부하는 것이 목적이다. 배당이의에 관해서는 두 가지 사항이 중요하다. 배당 당일에 배당 법정에 출석하는 것과 배당에 문제가 발생하면 이의 기간 내에 소송장을 제출하는 것이다. 부동산 경매 투자하는 분들 중 많은 분들이 배당의 중요성에 대해서 간과하고 있는 것이 현실이다.

배당표가 잘못 작성될 때는 가능한 한 배당 당일에 현장에서 정정되는 것이 바람직하다. 즉, 배당에 문제가 있다고 생각되는 경우, 배당 당일에는 일단 대상자를 구체적으로 지명해서 구두

로 배당이의 의사표시를 한 다음, 일주일 이내로 '배당이의청구소'에 관한 소송장을 접수해야 한다. 소장을 민사신청과에 접수한 다음 소제기 증명원을 발급받아 해당 경매계에 제출하면 일단 배당이의에 관한 절차는 마무리된다. 소송장을 배당일로부터 일주일 이내에 접수하지 않으면 배당일에 확정된 배당표를 인정하는 것으로 간주하고 배당이 확정된다.

또 경우에 따라서는 가장 임차인이 소액이라도 배당받는 것이 명도에 도움이 되는가까지를 판단할 줄 아는 단계까지의 높은 경매 실력이 필요하다. 명도의 난이도는 선순위 임차인이 있는가, 없는가에 따라 달라지고, 가장 임차인이 한 가구인가, 아니면 여러 가구인가에 따라 차이가 나고, 배당 결과에 따라서도 많은 차이가 생기게 된다. 이러한 경우들도 살펴보자.

배당표가 잘못 작성된 경우의
배당 당일 대처법

배당이의 절차도

배당기일에 현장에서 구두로 배당이의

⬇ 조정으로 성립되기도

배당이의 소장 접수(배당기일로부터 일주일 내)

⬇ 조정으로 성립되기도

배당이의 소송 진행

⬇ 조정으로 성립되기도

배당표 확정 판결

⬇ 수긍하면 종료

수긍하지 못하면 항고, 재항고

⬇

대법원에 재항고까지 가능, 확정

일반적인 배당이의 절차는 앞과 같다. 배당에 문제가 있다고 생각이 되는 경우, 배당 당일에는 일단 대상자를 구체적으로 지명해서 구두로 배당이의 의사표시를 한 다음, 일주일 이내로 '배당이의청구소'에 관한 소송장을 접수해야 한다. 소장을 민사신청과에 접수한 다음, 소제기 증명원을 발급받아 해당 경매계에 제출하면 일단 배당이의에 관한 절차는 마무리된다. 소송장을 배당일로부터 일주일 내에 접수하지 않으면 배당일에 확정된 배당표를 인정하는 것으로 간주하고 배당이 확정된다.

배당이의에 관해서는 두 가지 사항이 중요하다. 배당 당일에 배당법정에 출석하는 것과 배당에 문제가 발생하면 이의 기간 내에 소송장을 제출하는 것이다. 부동산 경매 투자하는 분 중에 많은 분들이 배당의 중요성에 대해서 간과하고 있는 것이 현실이다.

배당표 작성 공부는 어렵다(?)

"배당표 중요성을 강조하시는데 막상 작성하려고 하면, 그리 쉽지 않아요."

"그렇기는 해요. 그래서 공부를 열심히 해야 하는 거죠!"

"하기는 해야 하고, 중요하다는 것은 대강 알겠는데 쉽지 않다니까요."

"서두르지 마시고 천천히 배당표 전체에 대한 기본 개념 파악부터 하시면 꼭 어려운 것만도 아닙니다!"

"어디서부터 시작해야 할지 엄두가 나지 않더라고요."

"어렵다고 겁부터 미리 내실 일은 절대 아닙니다!"

"그런데 배당표가 잘못되면 무슨 큰일이라도 나는 건가요?"

"그걸 말씀이시라고, 특히 선순위 임차인에게 당초보다 배당금액
이 적게 배당되면 낙찰자가 죄다 뒤집어쓰잖아요."

"그런데 법원에서 짜는 배당표가 잘못될 수가 있나요? 그 양반들
법률 전문가고, 그게 일인데요?"

"언뜻 생각해보면 법원이 배당표를 짜는 데 실수를 한다는 것이
굉장히 어색하게 들리는 것이 사실이지만, 제 경험으로 보면 제대로
정확하게 짜인 배당표보다는 배당장에서 이의제기 당하는 경우가
더 많은 것 같아요!"

"그러면 틀리게 짜인 경우가 자주 있다는 말이네요."

"확정되어버린 배당표를 보아도 잘못된 배당표들이 많아요!"

"잘못된 배당표로 낙찰자가 돈을 더 물어주게 되면, 그 책임은 누
가 지나요?"

잘못 작성된 배당표의 피해자는 낙찰자

"누가 지기는 누가 져요. 낙찰자 몫이지!"

"낙찰자 잘못은 전혀 없는데 왜 낙찰자가 100% 책임을 지나요?
배당표를 잘못 쓴 법원 책임은 없나요?"

"100% 없습니다. 자기 권리는 자기가 보호해야죠!"

"그런데 배당사건에서는 낙찰자는 이해관계인이 아니라고 여러 차례 말씀하셨잖아요?"

"사실 이 대목이 낙찰자를 상당히 어렵게 힘들게 만드는 함정이기도 합니다."

"그러니까 낙찰자는 이해관계인이 아니어서 배당장에서도 할 일이 별로 없다고 말하고 싶으신 거죠?"

"아니죠, 절대 그게 아닙니다. 직접 이해관계인은 아니지만, 이렇게 저렇게 배당에 관여할 수 있는 여지들이 꽤 있어요!"

"어떻게 가능할까요?"

"임차인들은 배당에 대해서 거의 몰라요. 배당표를 보고도 해석도 못 하거든요!"

"정말로요?"

"그럼요. 저희도 다른 것은 몰라도 선순위 임차인이 있는 물건을 응찰한 경우에는 반드시 배당법정에 갑니다!"

"몰랐네, 가서 뭐 하시나요!"

선순위 임차인에게 배당 협조를 부탁하라

"배당장에 가기 전에 선순위 임차인에게는 배당과정에서 어떤 문제라도 생기면 협조해달라고 부탁하는 것이 먼저입니다!"

"도와주나요?"

"도와주게 만들어야죠. 여러 가지 당근들이 있거든요!"

"그런 것도 있나요?"

"사전에 협의해서 배당 당일에 원하는 배당표가 나오지 않으면 즉석에서 배당이의 제기를 할 수 있도록 하는 거죠!"

"쉬운 게 없네요."

"배당표 공부하기 싫으면서 경매할 수 있는 좋은 방법이 하나 있어요."

"그게 뭔데요? 귀가 솔깃해지네요!"

"시골 땅이나 공장을 낙찰받는 것입니다. 그러면 배당표를 짤 줄 몰라도 됩니다. 권리분석만 할 줄 알면 되고, 더 간단히 말씀드리면 등기부등본만 볼 줄 알면 투자가 가능합니다. 간단해서 좋으신가요?"

"병아리한테 정말 권하시는 것은 아니겠죠?"

"하하, 농담이고요. 공부 열심히 하셔야 쓴맛 안 본다는 이야기랍니다!"

"그래도 어려운 것 같아요."

"주거용 부동산이나 상가 건물에 투자할 때, 낙찰자가 배당사건 전체를 통제하지 못하는 경우에는 망한 경매가 될 가망이 높아진다는 것만 기억해주세요!"

배당표는 당일 정정되는 것이 가장 바람직

"2020타경12345번 배당표들 다 받으셨죠?"

"네!"

"검토해보시고 이의 있으신 분은 지금 바로 말씀해주세요."

"판사님! 제 부분이 잘못된 것 같은데요?"

"누구시죠?"

"배당표 1번과 6번에 있는 홍길동입니다."

"신분증 좀 보여주세요!"

"여기 있습니다."

"본인 맞으시네요. 어디가 이상한지 말씀해보세요."

"저는 소액 임차인이고, 아울러 순위 배당을 받아야 한다고 보는데요?"

"그렇게 되어 있지 않나요? 1번은 소액 임차인, 6번은 확정일자에 의한 순위 배당이 실시된 것이 맞는 것 같은데요?"

"1번 소액 임차인 부분도 1,600만 원이 아니고, 2,500만 원이어야 하고, 순위번호 6번에서 배당이 끝나버리는데, 제 생각에는 순위 배당이 4번으로 올라와야 하는 것 같은데요?"

이 정도 배당 실력은 갖추시는 것이 먼저다.

"잠시만 계셔보세요."

"네!"

"계장님, 어떻게 된 거죠?"

"잠시 검토해보겠습니다!"

"소액 배당 부분은 임차인이 잘못 알고 계시고, 순위 배당에 대한 부분은 제가 착각한 것 같은데요!"

"홍길동 씨 1,600만 원은 맞고, 순위 배당만 잘못된 것 같은데요."

"2,500만 원이 아니고, 1,600만 원이 맞아요. 왜죠?"

"1순위 저당권 설정일이 2007년이잖아요!"

"네, 그건 저도 아는데요?"

"그러니까, 임차보증금 4,000만 원 이하인 임차인에게 최고 1,600만 원까지가 맞습니다."

"경매가 2020년에 진행되고 있잖아요. 그러니 1억 1,000만 원 이하에서 3,700만 원이 아닌가요?"

"그건 선생님이 잘못 알고 계신 겁니다. 1,600만 원이 맞습니다."

"그러면 순위 배당만 잘못되었다는 건가요?"

"네, 지금 보니 선생님 배당순위가 6번이 아니고 4번이 맞는 것 같습니다."

"배당순위가 바뀌면 어떻게 되나요?"

"여러분들 잘 들으세요. 1번부터 3번까지는 이의가 없으니 여기서 배당표를 확정하고, 4번부터 6번 채권자는 배당 끝나고 제 방으로 올라오세요. 거기서 논의해서 정정합시다. 아셨죠!"

"네."

"이것으로 2020타경12345번의 이의 없는 부분은 확정하고, 나머지는 다시 작성하는 것으로 배당절차를 종료합니다."

배당이의 당사자를 구체적으로 지적해라

실무에서는 배당에 이의[14]가 있는 이해당사자는 배당 당일에 문제가 있다고 판단한 배당당사자를 상대로 일단 구두로 배당이의를 표시한 다음, 배당일로부터 일주일 이내에 배당이의소송의 소장을 해당 경매계에 접수해야 한다. 구두로 제기한 배당이의에 대해서 일주일 이내에 소장을 접수하지 않으면 당초의 배당표 원안대로 확정된다. 이의 대상자는 배당에 문제가 있다고 판단되는 자이고, 나머지는 당일로 배당이 확정된다. 배당을 받을 수 있는 채권자의 범위는 주석[15]과 같다.

---

14) **민사집행법 제154조**(배당이의의 소 등) ① 집행력 있는 집행권원의 정본을 가지지 아니한 채권자(가압류채권자를 제외한다)에 대하여 이의한 채무자와 다른 채권자에 대하여 이의한 채권자는 배당이의의 소를 제기하여야 한다. ② 집행력 있는 집행권원의 정본을 가진 채권자에 대하여 이의한 채무자는 청구이의의 소를 제기하여야 한다. ③ 이의한 채권자나 채무자가 배당기일부터 1주 이내에 집행법원에 대하여 제1항의 소를 제기한 사실을 증명하는 서류를 제출하지 아니한 때 또는 제2항의 소를 제기한 사실을 증명하는 서류와 그 소에 관한 집행정지재판의 정본을 제출하지 아니한 때에는 이의가 취하된 것으로 본다.

제157조(배당이의의 소의 판결) 배당이의의 소에 대한 판결에서는 배당액에 대한 다툼이 있는 부분에 관하여 배당을 받을 채권자와 그 액수를 정하여야 한다. 이를 정하는 것이 적당하지 아니하다고 인정한 때에는 판결에서 배당표를 다시 만들고 다른 배당절차를 밟도록 명하여야 한다.

제158조(배당이의의 소의 취하간주) 이의한 사람이 배당이의의 소의 첫 변론기일에 출석하지 아니한 때에는 소를 취하한 것으로 본다.

15) **제148조**(배당받을 채권자의 범위) 제147조제1항에 규정한 금액을 배당받을 채권자는 다음 각 호에 규정된 사람으로 한다. 1. 배당요구의 종기까지 경매 신청을 한 압류채권자, 2. 배당요구의 종기까지 배당요구를 한 채권자, 3. 첫 경매개시결정등기 전에 등기된 가압류 채권자, 4. 저당권·전세권, 그 밖에 우선변제청구권으로서 첫 경매개시결정등기 전에 등기되었고 매각으로 소멸하는 것을 가진 채권자.

"지금부터 2020타경12345호 임의경매 사건 배당절차를 시작합니다. 이해관계가 있으신 분들은 출석해주십시오!"

"배당표는 신분증 제시하는 이해관계인에게만 배포합니다. 참고하시기 바랍니다."

"배당표를 확인하시고 이의 있으신 분들은 지금 바로 말씀해주세요?"

"판사님 3번 저당권자인 P캐피털인데 배당에 이의 있습니다!"

"말씀해보세요."

권리 없는 가장 임차인은 정확하게 지명하라

"임차인 ○○○, ○○○는 정상적인 임차인이 아닙니다. 저희가 대출할 때 채무자로부터 임차인이 없다는 확인서면을 받았습니다!"

"임차인들은 P캐피털이 대출할 때는 임차인이 아니었지만, 그 후로 임대차계약을 체결하고 전입해서 살고 있다고 주장하거든요?"

"그건 그 사람들 주장이고요. 현재는 백범○라는 사람이 702호 전체를 보증금 1억 원에 2006년부터 살고 있습니다."

"소명할 수 있으세요?"

"판사님! 저희는 이미 이들 임차인에 대해서 배당배제신청을 했어요."

"임차인들이 P캐피털 배당배제신청에 대해서 이의서를 제출했다는 것은 알고 계시죠?"

"알고 있습니다만, 중요한 것은 두 명이 가장 임차인이고, 배당에 참여시키면 안 된다는 것입니다!"

"알겠습니다! 입증서류를 제출하시는 것으로 하고, 그러면 일단 두 명 소액 임차인에게 실시한 부분은 최우선 배당 보류하겠습니다."

"감사합니다."

"P캐피털은 일주일 내로 이의신청서 접수시키는 것 잊지 마세요!"

"네, 그러겠습니다!"

"다른 분들은 이의 없으세요?"

"판사님! 저희도 이의 있는데요."

"누구신가요?"

"2번 저당권자 A은행입니다!"

"신분증하고 사원증 제출하세요."

"네, 여기 있습니다."

"A은행 맞습니다. 말씀해보세요."

배당장에서 이런 정도로 판사를 설득할 수 있어야 한다.

배당표 정정 여부는 판사의 재량이다

"1번 저당권자 B은행 채권최고액이 3억 6,000만 원이고, 채권청구액은 4억 1,000만 원입니다."

"네, 그렇습니다!"

"지금 배당표를 보면 채권최고액을 초과하는 부분까지 1순위로 가정하고 4억 1,000만 원을 배당해주셨는데요. 채권최고액을 넘는 부분은 일반채권으로, 이 부분은 1순위 배당에 포함시키면 안 되는 것 아닌가요?"

"정리해서 말씀해보세요!"

"그러니까 저희 A은행 의견은 채권최고액을 초과하는 부분에 대한 배당은 취소해주시라는 의견입니다!"

"맞는 지적입니다. 이 부분도 오늘 배당이 전부 끝나고 나서 다시 정정하겠습니다!"

"감사합니다!"

"그러면 이렇게 정리하겠습니다. 이 배당은 오늘 배당이 모두 끝난 다음, 제 방에서 다시 논의하도록 하겠습니다. 이것으로 일단 이 배당사건은 보류하고 배당절차를 종결합니다."

경매 배당장에서 선순위 임차인
활용해 이의제기

배당표가 잘못 작성되는 경우에는 가능한 한 배당 당일에 현장에서 정정되는 것이 바람직하다는 설명은 이미 드렸다. 서울중앙지방법원 '2000타경32582번'을 한번 살펴보자. 이 사건은 필자가 전면적으로 개입해서 잘못된 배당표를 바로 잡았던 실제 경매 사건이다. 좀 오래되기는 했지만 공부할 가치는 충분하다.

쟁점이 되었던 임차인은 정봉○였다. 말소기준이 되는 부동산 등기부상 제1저당권설정일보다 먼저 전입한 대항력을 가진 선순위 임차인이었다. 임차보증금 지불 내용을 보면 처음 전입 당시에는 임차보증금이 5,000만 원이었다가, 약 2년 뒤 1,000만 원을 인상해주었는데, 올려준 시기가 등기부상에 저당권이 설정된 이후였다. 따라서 처음 5,000만 원은 대항력이 있지만, 나중에 올려준 1,000만 원은 대항력이 없다. 순위 배당에서 받게 되는 금액은 5,000만 원까지다.

낙찰자는 이런 조건의 임차인을 사전에 아군으로 포섭(?)해서 배당 당일에 발생할지도 모를 상황에 미리 대비해야 한다.

대항력 있는 보증금이 5,000만 원인 선순위 임차인

"안녕하세요. 정봉○ 선생님이시죠?"

"낙찰받으신 분이신가요?"

"네, 맞습니다."

"젊은 분이 받으셨네!"

"잘 부탁드립니다. 그렇게 되었습니다."

"부탁할 게 뭐 있나요. 주인이 정해졌으니 나는 내 돈만 잘 받고 이사만 잘 나가면 되지요."

"5,000만 원만 대항력 있는 것 아시죠?"

"알고 있습니다!"

"보증금 1,000만 원을 올려주실 때 등기부 한번 확인해보시고 인상해주시지 그러셨어요?"

"그러게 말입니다. 그때는 몰랐지요!"

"마음고생 좀 하셨겠어요."

"인제 와서 그런 것들 마음에 두면 건강에 좋을 게 뭐가 있겠어요!"

"하기는 그러겠네요!"

"배당일에 뵙도록 하지요. 배당일에 법원에 꼭 오셔야 합니다."

"그럼요! 가고 말고요!"

"혹시 배당장에서 무슨 사고라도 나면 좀 도와주세요!"

"무슨 일 생기겠어요. 법대로 5,000만 원만 배당받으면 되는 거지!"

"가끔은 이상하게 배당표를 쓰는 경우도 있다고 해서요!"

"알겠습니다. 아무튼 나는 5,000만 원만 받으면 됩니다."

"저희도 나중에 선생님이 배당금 수령할 때나 이사하실 때 적극적으로 도와드리겠습니다."

"잘 알겠습니다. 그렇게 합시다."

"참! 최승○ 씨네 아시죠?"

"잘 알지는 못하고, 한집에 살아서 알기만 합니다!"

"제가 말은 했는데, 그날 함께 가자고 하시죠!"

"그러지 않아도 자기도 간다고 해서 함께 가기로 했습니다."

"다른 분들도 가능하면 함께 오시면 좋습니다."

"아마 다들 간다고 해서 갈 겁니다."

"그러면 그때 뵙겠습니다. 수고하세요!"

잘못되어도 너무나 잘못된 1차 배당표

잘못되어도 너무나 잘못된 1차 배당표가 작성된 것은 2001년 5월 2일 서울중앙지방법원 배당법정이었다. 그날 다른 배당사건에 참여하기 위해서 약 50~60여 명의 사람들이 모였다.

2001년 5월 2일에 작성된 '2000타경32582번'의 배당표 실물이다.

서울지방법원

배 당 표

2000타경 32582　　　　부동산임의경매

배당할금액		금	140,211,410	
명세	매 각 대 금	금	140,000,000	
	지 연 이 자	금	0	
	전낙참인의 경매보증금	금	0	
	항고보증금	금	0	
	보 증 금 이 자	금	211,410	
집 행 비 용		금	2,800,790	
실 제 배 당 할 금액		금	137,410,620	
매 각 부 동 산		서울 관악구 봉천동 480-★★토지, 건물		

채　권　자			최승★	최금★	이화★
채권금액	원　금		25,000,000	12,000,000	15,000,000
	이　자		0	0	0
	비　용		0	0	0
	계		25,000,000	12,000,000	15,000,000
배 당 순 위			1	1	1
이　유			소액임차인	소액임차인	소액임차인
채 권 최 고 액			12,000,000	12,000,000	12,000,000
배　당　액			12,000,000	12,000,000	12,000,000
잔　여　액			125,410,620	113,410,620	101,410,620
배 당 비 율			100.00%	100.00%	100.00%
공 탁 번 호 (공 탁 일)			금계　　호 (　.　.　)	금계　　호 (　.　.　)	금계　　호 (　.　.　)

2-1

채 권 자	관악구청	문희★	구로세무서
채권금액 원 금	1,411,890	10,000,000	16,791,260
이 자	0	0	0
비 용	0	0	0
계	1,411,890	10,000,000	16,791,260
배 당 순 위	1	1	2
이 유	압류권자(당해세등)	소액임차인	압류권자
채 권 최 고 액	1,411,890	10,000,000	16,791,…
배 당 액	1,411,890	10,000,000	16,791,260
잔 여 액	99,998,730	89,998,730	73,207,470
배 당 비 율	100.00%	100.00%	100.00%
공 탁 번 호	금제 호	금제 호	금제 호
(공 탁 일)	(. .)	(. .)	(. .)

채 권 자	박재★	금천구청	금천세무서
채권금액 원 금	49,569,781	34,120	22,257,190
이 자	46,573,865	0	0
비 용	0	0	0
계	96,143,646	34,120	22,257,190
배 당 순 위	3	4	5
이 유	신청채권자(근저당권자)	압류권자	압류권자
채 권 최 고 액	60,000,000	34,120	22,257,190
배 당 액	60,000,000	34,120	13,173,350
잔 여 액	13,207,470	13,173,350	0
배 당 비 율	100.00%	100.00%	59.19%
공 탁 번 호	금제 호	금제 호	금제 호
(공 탁 일)	(. .)	(. .)	(. .)

2001. 5. 2.

판 사 이 우 ★

2-2

배당표를 보면 선순위 임차인 정봉○가 빠져 있는 것을 알 수 있다.

배당표 엉뚱하게 만들어놓고 나중에 낙찰자에게 받으란다

"2000타경32582호 경매 사건 배당 시작합니다."

"여기, 배당표 한 장 주세요!"

"신분증하고 성함 말씀해주세요. 참고로 배당표에 성함이 기재되어 있는 분들에게만 배당표를 드립니다."

"판사님! 여기 신분증이요. 정봉○입니다!"

"정봉○ 씨라…. 배당표에는 이름이 없습니다. 누구신가요?"

"판사님! 세입자인데 제가 배당표에 없을 리가 없을 텐데요."

"없으니까 없다고 하는 거죠!"

"판사님! 확실히 세입자라니까요?"

"배당요구는 하셨나요?"

"그럼요! 여기 있는 분들하고 다 같이 했고, 매각목록에도 배당요구 한 것으로 기재된 것 확인했어요!"

"정봉○ 씨라… 잠시만요! 기록을 좀 볼게요. 여기 있네요!"

"맞죠? 있죠?"

"계장님, 그런데 배당표에는 정봉○ 선생님이 없는데 왜 빠져 있을까요?"

옆에 앉아서 판사를 보조하고 있던 경매계장의 얼굴이 사색이 되었다. 매각목록에는 분명히 정봉○ 씨가 배당을 요구한 것으로 나타나 있었기 때문이었다. 판사 옆에 앉아서 배당진행을 돕던 담당계장이 한마디했다.

"정봉○ 씨는 아무런 염려를 안 해도 됩니다. 여기서 배당을 못받아도 낙찰자한테 받으면 됩니다."

"계장님, 무슨 말씀을 그렇게 하세요!"

"정 선생님은 선순위 임차인이시잖아요?"

"그렇죠!"

"그러니 아무런 염려를 안 해도 된다는 말씀입니다. 나중에 낙찰자한테 받으시면 되니까요."

"그게 무슨 말씀이세요. 나는 5,000만 원에 대해서 순위 배당을받아야 하는 사람입니다."

"선생님 말씀도 맞지만, 나중에 낙찰자에게 받아도 문제가 없다니까요!"

배당표를 엉망으로 써놓고는 한심한 소리를 계속하고 있는 담당계장과 선순위 임차인 정봉○ 사이에 설전이 벌어지고 있는 중이다.

"계장님, 아니라니까요. 도대체 무슨 말씀을 그렇게 하세요. 나는 5,000만 원 배당받을 권리가 있는 사람이라니까요."

"정 선생님은 낙찰자한테 받으면 되니 아무 문제없다니까요."

"아니, 법에 없는 사항을 내가 왜 주장합니까. 나한테는 그냥 법대로 5,000만 원에 대해서 순위 배당 해주세요. 무슨 말을 그렇게 길게 하세요!"

"나중에 낙찰자한테 받으면 된다니까요?"

"계장님, 배당표를 잘못 만들어놓고 왜 일을 복잡하게 하세요? 법대로 배당해주세요!"

경매계장은 눈 하나 깜작하지 않고 5,000만 원을 낙찰자에게 추가로 받으란다. 낙찰자를 죽이려고 작정을 했는지, 아니면 5,000만 원 정도는 푼돈이라고 생각하는 것인지 알 수가 없었다.

선순위 임차인 정봉○의 적극적인 협조

배당장에서 혹시 있을지 모를 만약을 위해 사전에 정봉○ 씨에게 사전에 부탁했다는 것은 앞에서 이미 말씀드렸다. 문제는 당초의 약속대로 실제로 도와줄까 하는 것이 문제였다. 결론은 제대로 도와주셨다. 처음에 배포된 잘못된 배당표를 작성한 경매계장과 정봉○ 씨 사이에 계속해서 열띤 입씨름이 벌어졌다.

"정봉○ 씨는 선순위 임차인이어서 이 배당에서 배당을 못 받아도 손해가 없다니까요!"

"제 보증금이 6,000만 원이지만, 저당권 설정 이후에 올려준 1,000만 원을 제외한 5,000만 원은 순위 배당을 받는 게 맞습니다!"

"이 배당에서 못 받아도 정 선생님은 낙찰자에게 6,000만 원을 받아도 상관없다니까요?"

"그런 경우가 어디 있습니다. 정해진 법대로 해주셔야죠!"

"아무 손해도 안 보는데, 자꾸 배당을 해달라고 하십니까?"

"계장님이 오히려 같은 이야기만 반복하시면 어떻게 합니까? 손해를 보고, 안 보고의 차원이 아니라 제 권리를 주장하고 있는 겁니다. 그럴 것 같으면 처음부터 배당요구를 하지 않았죠!"

"그냥 이 배당표로 확정되는 것으로 하고 넘어가 주시죠!"

"안 됩니다! 그럴 수는 없습니다. 판사님, 다시 검토해서 제가 배당으로 보증금을 받게 해주십시오!"

옥신각신하는 사이로 판사가 끼어들었다.

"제가 기록을 보니까 임차인 선생님 말씀이 일리가 있습니다!"

"그렇습니다. 판사님!"

"일단 다른 배당을 진행해야 하니까, 이 건 배당은 다른 사건 배당 이후로 일단 미루기로 하겠습니다. 이 건으로 나오신 분들은 일단 다들 들어가세요. 그리고 이 사건에 오신 분들은 한 분도 가시면 안 됩니다. 가시는 분은 배당에 이의가 없는 것으로 처리하겠습니다. 다시 말씀드리지만, 참석하지 않으신 분들은 배당표를 인정하는 것으로 간주하겠습니다. 배당표는 일단 회수하겠습니다. 배당표들을 반납하시고 들어가세요. 아셨죠?"

배당 전체 과정을 확실하게
통제할 수 있어야 한다

배당 후 판사실에서 열린 4자 대면

낙찰자는 배당사건에서 이해관계인이 아님에도 배당 여부에 따라 낙찰자가 손해를 입을 수 있다고 판단한 판사의 배려로 판사실에서 마련된 배당이의 미팅에 참석할 수 있었다. 판사, 경매계장, 낙찰자, 정봉○ 씨 네 명이 무릎을 맞대고 앉았다. 먼저 판사가 말을 시작했다. 필자는 낙찰자와 정봉○ 씨에게 주장해야 할 요점만 집중적으로 부탁을 드린 후에 판사실로 들어가게 했다.

"다 오셨죠? 그러면 일단 제 생각부터 말씀드리고, 배당표를 작성하셨던 계장님이 부연 설명을 하실 것입니다."

배당표에 대해서 판사가 한참 설명했다. 그러고는 발언권을 경매계장에게 넘겼다. 이때부터 경매계장님은 난생처음 들어보는 궤변으로 열변을 토했다.

① 정봉○는 선순위 임차인이다.
② 그러니까 배당을 받지 못해도 나중에 낙찰자에게 인수시키면 된다.
③ 5,000만 원은 순위 배당을 받을 능력이 있는 것 맞지만, 법원 배당으로 배당받지 못한다고 해서 손해가 아니다.
④ 저당권설정 이후에 올려준 1,000만 원까지 낙찰자에게 받을 수 있으니 오히려 이익이다.

이에 대해 정봉○ 씨와 낙찰자의 반격은 대강 이러했다.

① 처음에 이사 오면서 지불한 임차보증금 5,000만 원은 누가 뭐라고 해도 배당을 받는 것이 맞다.
② 저당권 설정 이후에 인상해준 1,000만 원에 대해서는 배당받지 못하는 것은 이미 알고 있다.
③ 배당해주지 않고 낙찰자에게 받으라는 말은 아무런 법적 근거가 없다.
④ 배당이의신청이나 소송으로 서로 피곤하게 하지 말고, 판사 재량으로 배당표를 변경해서 배당에 참여시켜주기 바란다.

명확하게 입장을 정리한 담당판사

여기에 대해서 담당판사의 입장은 대강 이러했다.

① 낙찰자와 정봉○ 선생의 주장에 일리가 있는 것 같다.

② 관련 법 조항을 다시 살펴보겠다.

③ 일주일 내로 다시 배당표를 작성해서 수정본을 여러분들에게 통보하겠다.

④ 내 생각도 복잡하게 배당이의신청이나 배당이의소송으로 가서 시간 끌고 싶지 않다.

그리고 일주일 뒤에 받아본 배당표에는 우리와 정봉○ 선생이 주장한 대로 정봉○ 선생에게 5,000만 원이 배당된 것으로 배당표가 수정되어 있었다. 여기에 이의가 없다고 회신을 보내자, 다시 일주일 후, 우리가 당초 주장했던 대로 배당표가 최종 확정되었다.

일주일 만에 바로잡힌 정상적인 배당표

서울지방법원

배 당 표

2000타경 32582　　　무동산임의경매

배당할금액	금	140.313.889		
명세	매각대금	금	140,000,000	
	지연이자	금	0	
	전낙찰인의 경매보증금	금	0	
	항고보증금	금	0	
	보증금이자	금	313.889	
집행비용		금	2.871,810	
실제배당할액		금	137.442.079	

대각부동산　서울 관악구 봉천동 480-■ 토지. 건물

채 권 자	최승■	최금■	이화■
채권금액 원금	25.000.000	15.000.000	15.000.000
이자	0	0	0
비용	0	0	0
계	25.000.000	15.000.000	15.000.000
배당순위	1	1	1
이유	소액임차인	소액임차인	소액임차인
채권최고액	12.000.000	12.000.000	12.000.000
배당액	12.000.000	12.000.000	12.000.000
잔여액	125.442.079	113.442.079	101.442.079
배당비율	100.00%	100.00%	100.00%
공탁번호 (공탁일)	금제 호 (. .)	금제 호 (. .)	금제 호 (. .)

2-1

채 권 자		문희 ★	정봉 ★	관악구청
채권금액	원 금	10,000,000	60,000,000	891,510
	이 자	0	0	0
	비 용	0	0	0
	계	10,000,000	60,000,000	891,510
배 당 순 위		1	2	3
이 유		소액임차인	확정일자임차인	교부권자(당해세)
채 권 최 고 액		10,000,000	50,000,000	891,510
배 당 액		10,000,000	50,000,000	891,510
잔 여 액		91,442,079	41,442,079	40,550,569
배 당 비 율		100.00%	100.00%	100.00%
공 탁 번 호 (공 탁 일)		금제 호 (. .)	금제 호 (. .)	금제 호 (. .)

채 권 자		구로세무서	박재 ★	
채권금액	원 금	16,791,260	49,569,781	
	이 자	0	46,573,865	
	비 용	0	0	
	계	16,791,260	96,143,646	
배 당 순 위		4	5	
이 유		압류권자	신청채권자(근저당권)	
채 권 최 고 액		16,791,260	60,000,000	
배 당 액		16,791,260	23,759,309	
잔 여 액		23,759,309	0	
배 당 비 율		100.00%	39.60%	%
공 탁 번 호 (공 탁 일)		금제 호 (. .)	금제 호 (. .)	금제 호 (. .)

2001. 5. 18.

판 사 이 우 ★

2-2

담당판사의 재량으로 일주일 후에 수정되었고, 다시 일주일이 지난 후에 확정된 배당표 실물이다.

잘못되어도 너무나 잘못된 1차 배당표가 작성된 것은 2001년 5월 2일이었고, 2주일 뒤에 제대로 된 배당표는 확정되었다. 해당 배당표의 배당순위 2번을 보면 처음에 잘못된 배당표에서는 누락되었던 정봉○ 선생이 배당을 받는 것을 볼 수 있다. 당초 이렇게 배당표가 작성되었다면 아무런 문제가 없었을 것이다. 배당 당일에 배당현장에 참여해서 배당이의를 제기해서 낙찰자가 바라던 대로 배당표로 바로잡혔다. 현명한 판사를 만나는 바람에 배당이의 소송 없이 배당표가 정상적으로 변경되어 다시 작성되었고, 그것으로 배당은 마무리되었다.

"정 선생님, 감사합니다!"

"나는 경매는 잘 모르지만, 하마터면 낙찰자에게 큰 손해가 날 뻔했네요!"

"그러게요. 선생님이 낙찰자한테 나중에 받아도 된다고 해버리셨으면 일이 복잡해질 뻔했습니다."

"그런데 왜 경매계장님은 처음에 그렇게 배당표를 썼을까요?"

"일이 많으면, 착각할 수도 있고요. 또 다른 이유가 있을 수도 있고 그러겠죠!"

"다른 이유라는 게 뭡니까?"

"그거야 저희도 모르지요!"

"아무튼 판사가 현명하게 결정해서 일이 복잡해지지 않고, 빨리 마무리되었네요."

"요즘 젊은 판사님들은 매사를 정확하게 판단합니다."

"실수를 솔직히 인정한다는 것이 쉽지 않은 세상입니다!"

"다들 빤히 보고 있는데 일방적으로 우기거나 큰소리친다고 통하던 시절이 아니잖아요!"

"아직도 그런 사람들이 있나요?"

"순리가 아닌 듯해서 배당이 잘못되었다고 주장했습니다!"

"아무튼 정말로 감사드리고, 말씀드렸던 것처럼 원하실 때 편하게 이사 가세요!"

20여 년이 지난 지금 생각해도 식은땀이 저절로 흐르는 사건이었다. 적절하게 대응하지 못하고, 가만히 있었다가는 잘못된 배당표로 인해서 5,000만 원을 추가로 물어줄 뻔했던 사례였다. 실패할 상황에서 피해를 안 보거나 최소화하는 방법을 알려드리는 콘셉트의 책이기에 소개했다. 그렇지만 실무에서는 이 대목에서 잘못되어 많은 피해가 발생하고 있다.

배당이의를 제기하는 것에 대한 단상

"선순위 임차인에게 부탁해서 배당을 바로 잡아 5,000만 원 손해 안 나신 거 축하드려요!"

"잘 마무리되어서 망정이지, 큰 손해 볼 뻔했습니다."

"그런데 정말 궁금한 게 하나 있어요!"

"다 말씀드린 것 같은데 뭐가 또 있을까요?"

"배당표가 잘못되었다고 이의를 제기하면 경매계장님이 못 마땅해하는 것은 이해가 되지만, 해당 배당표의 최종 결정권자인 담당판사님이 혹시라도 노여워하지 않을까 하는 생각이 들어요."

"듣고 보니 그럴듯합니다. 어떨까요? 정말 노여워할까요?"

"저한테 물으시면 제가 어떻게 답을 하나요? 말씀해주세요."

"절대 노여워하지 않고 오히려 환영하는 것이 보통입니다."

"배당이의 신청을 담당판사님이 환영한다고요?"

"한번 천천히 생각해보세요. 아파트나 연립주택처럼 단순한 배당표는 간단하지만, 어떤 큰 법인이 도산 등으로 잘못되어 전국에 있는 공장이나 건물들이 법원별로 경매가 진행되는 경우를 생각해보면, 현실적으로 올바르게 배당표를 작성한다는 것이 현실적으로 불가능합니다."

"그런가요?"

"특히 임금채권자들이 전국에 산재해 있는 회사가 부도로 경매가 진행되는 경우를 생각해보면, 물건 하나로 진행되는 경매 사건의 낙찰대금만 가지고 진행하는 배당표하고는 같을 수가 없다는 것을 알 수 있습니다."

"어렴풋이 그림이 보이는군요!"

"어떤 회사가 서울 여의도에 빌딩을 본사 소유로 보유하고 있고, 공장은 천안과 여수, 그리고 포항에 있다고 하고, 임직원과 공장 노동자를 포함해서 전체 급여를 받는 사람이 1,000명 정도 된다고 가정해보면 우리가 생각하는 것처럼 배당표 작성이 쉽지 않을 수 있다는 것을 추측할 수 있습니다."

"좀 생각해보니 복잡한 듯하네요."

"경매 결과로 서울 본사 빌딩 경매 물건에 대한 배당은 관할인 서울남부법원 경매계에서, 천안 공장 배당표는 천안법원에서, 여수공장 배당표는 여수시 법원에서, 포항 공장 배당표는 포항시 법원에서 작성하게 됩니다. 그런데 문제는 근로자들, 즉 임금채권자들은 자기들이 받지 못한 임금채권을 받겠다고 배당요구를 할 때, 근로기준법에서 정하고 있는 최우선 배당(퇴직 3개월 치 임금과 3년 치 퇴직금) 범위 내에서만이라는 규정대로 배당요구를 하지 않고, 자신들이 받지 못한 임금과 퇴직금 전체에 대해서 배당요구를 한다는 점입니다."

배당표를 제대로 쓰지 못하는 것이 오히려 자연스럽다

"제가 괜히 여쭈어본 것 같네요. 이런 부분까지 설명해주는 책은 정말로 없는데…."

"이왕 말 나온 김에 끝까지 설명하겠습니다. 1,000명의 근로자들이 이처럼 네 개 법원 각각에 배당요구할 때 법이 정한 기준에 따라서 하는 것이 아니고, 자기가 받지 못한 급여와 퇴직금 전체를 배당요구합니다. 정확해질 수 없는 출발점이고, 또 하나는 네 개 법원이 각각 다른 시기에 배당을 실시한다는 것입니다. 그런데 문제는, 각 법원이 진행하는 경매 진행 과정을 서로 공유하지 못해 다른 법원에서는 어떻게 배당이 진행되었는지 각자 경매를 진행하는 법원은 알 수가 없습니다. 부동산만을 놓고 보았을 때와 임금채권자들까지를 고려해서 생각해보고, 서로 다른 경매 진행까지를 생각해보면 정확한 배당표 작성은 당초부터 무리가 있습니다."

"늦가을 말벌집 건드린 느낌입니다."

"그렇기에 배당이의가 제기되면 결국에는 각 법원에서 진행된 낙찰 결과들을 한꺼번에 모아서 배당해야 하는 상황이 진행됩니다."

"그렇게 되는군요!"

배당이의 제기되는 것이 담당판사도 싫지 않다

"예로 든 것처럼 이렇게 큰 경매 사건이 아닌, 아파트나 주택처럼 단순하게 진행되는 사건 역시 배당이의가 제기되어도 경매 담당판사 입장에서는 나쁘지 않습니다."

"그건 또 왜 그런가요?"

경매도 민사소송 중 하나의 사건이고, 배당이의 역시 민사소송 중 하나의 독자적인 소송 사건이다.

"경매에는 경매 사건 번호가 부여되어 진행되듯이, 배당이의신청 역시 새로운 하나의 사건 번호가 부여되는 민사소송입니다."

배당이의 신청이 제기된다고 해서 경매 담당판사님이 귀찮아하지 않을 이유가 바로 이 점이다. 따라서 배당장에서 배당표가 잘못 작성되었다는 판단이 들면 적극적으로 배당이의를 제기하는 데 주저할 이유가 없다. 독자 여러분들이 행간의 의미를 읽어낼 능력이 필요한 대목이다.

잘못 작성되었다고 판단되는 배당에 이의를 제기해서 바로잡는 것은 다른 누구도 대신해주지 않는 경매 투자자 여러분들의 권리다.

가장 임차인이 소액이라도
받아야 좋은 경우

가장 임차인이 소액이라도 배당받는 것이 명도에 도움이 되는지 여부까지 판단할 줄 아는 단계까지의 높은 경매 실력이 필요하다. 명도의 난이도는 선순위 임차인이 있는가, 없는가에 따라 달라지고, 가장 임차인이 한 가구인가, 아니면 여러 가구인가에 따라 차이가 나고, 배당 결과에 따라서도 많은 차이가 생기게 된다. 가장 임차인에 대한 법원의 배려가 예전과는 많이 달라졌다. 채권자도 법원도 가장 임차인에 대해서 호된 잣대를 들이대고 있다. 앞에서도 잠깐 언급한 것처럼 추가 부담이 없는 경우라면 낙찰자 입장에서는 가능하면 가장 임차인이라도 배당에 참여하는 것이 유리하겠지만, 채권자나 법원은 가능하면 배당해주지 않겠다는 분위기가 그것이다.

제정신이라면 이렇게는 임차 안 한다

남부4계 2008타경575*번의 경매 사건을 한번 보자. 다른 부분은 여기서 논하지 말고, 임차인이라고 주장하는 사람들만을 집중적으로 보자. 누가 봐도 가장 임차인이다. 제정신을 가진 사람이라면 이런 식의 전입은 절대 하지 않는다. 그렇다고 해도 이런 조건인 경우에는 낙찰자는 이들에 대한 임차인으로서의 진정성을 따질 필요가 없다. 오히려 적극적으로 배당을 받을 수 있게 일단 협조하는 것이 현명하다.

가장 임차인들에게 소액최우선 배당금이 배당된다고 해서 낙찰자가 추가로 부담해야 할 금액이 증가하는 일은 없기 때문이다. 오히려 소액최우선 배당을 받게 되면 이를 연결고리로 명도 작업이 훨씬 쉬워진다. 외환은행 역삼동지점이 설정한 제1저당권(2001년 10월 17일, 채권최고액 172,800,000원)이 말소기준이고, 이 설정일보다 늦게 전입한 임차인은 모두 후순위 임차인이다. 이 물건에는 세 명의 임차인들이 전입해 있는 것으로 정보지에 나타나고 있다. 어떤 상황으로 진행될지 상상해보자.

4일 사이에 임차인 세 명이 방 하나씩에 전입

추가 부담이 없다는 것을 전제로 가장 임차인을 배당할 수 있도록 지렛대로 삼아 명도에 활용하면, 의외로 명도가 쉬워지기도 한다.

"박은○ 씨 핸드폰이죠?"

"네, 그런데 누구시죠!"

"얼마 전에 ○○아파트를 경매받은 한상○이라고 합니다."

"아, 그러세요. 그런데 무슨 일이시죠?"

"세입자라고 배당요구를 하셨던데요?"

"맞아요. 그런데요?"

"아니, 진짜 세입자가 맞으시냐고요."

"그러면, 세입자 아닌데 세입자라고 한다는 말씀이세요? 이 양반이 지금 사람을 뭐로 보시고!"

"아니, 언성은 왜 높이세요? 그냥 물어본 걸 가지고. 낙찰자니까 그 정도는 물어볼 수 있는 것 아닌가?"

"누가 소리를 질렀다고 그러세요!"

"은행 담당자 말로는 집주인만 살고 있다고 그러던데요!"

"그 친구가 뭘 몰라서 하는 소리겠죠!"

"대출해줄 때, 집주인이 세입자가 없다는 확인서를 제출했다고 하던데요!"

"그건 대출받을 때 이야기고, 나는 그 뒤로 이사를 들어갔다니까요!"

"비슷한 사람들이 두 명이나 더 있던데!"

"그거야 내가 상관할 일이 아니고, 나는 내 보증금만 제대로 돌려받으면 되네요!"

"집주인하고는 무슨 사이세요?"

"무슨 사이라니, 거참 말씀 한번 괴상하게 하시네요. 모르는 사이고, 집주인이라는 것만 알아요!"

"그게 아닌 것 같은데!"

"아닌 것 같다니요. 무슨 말을 그렇게 시비조로 하세요?"

"집주인 회사 거래처 직원이라는 말이 있던데?"

"이 아저씨가 지금 할 말, 못 할 말 안 가리고 하고 있네요. 당신이 낙찰자야, 경찰이야?"

"집주인 연락처 아세요?"

"집주인이니까 집 계약하면서 받은 전화번호야 있지요."

"연락되세요?"

"모르죠, 요즘에는 안 해보았으니까. 그래도 아마 되기는 하겠죠?"

"('아마 되기는 하겠죠'란다~!) 집주인한테 전화해서 나한테 전화 한번 하라고 전해주세요!"

"글쎄요. 전달은 해볼게요."

"배당금을 받을 때, 그 돈 찾으려면 내 서류가 필요하다는 거 아시죠?"

배당금 이야기가 나오자 온순한 양이 된다

"네, 잘 압니다!"

"협조를 좀 해주세요. 가능하면 배당받을 수 있게 도와드릴 테니, 그리 아시고 서로 협조합시다. 아셨죠?"

"그렇게 하겠습니다. 그럴게요!"

"'그럴게요'가 아니고요. 적극적으로 협조를 해주셔야 돈 찾을 수 있다니까."

"알았다니까요!"

"정말로 내 말뜻을 아시겠어요?"

"정말 알았다니까요!"

낙찰자가 반말 비슷하게 해가면서 가장 임차인의 기를 완전히 죽이는 중이다. 이런 경우에는 낙찰자가 일부러 과장해서 조금 강하게 나가는 것도 그리 나쁜 방법이 아니다.

경매 투자를 완벽하게 이해하기 위해서는 배당표 작성 원리와 배당에 관한 상당한 지식이 필요하다.

낙찰자에게 협조하지 않는 진짜 임차인 조성○ 씨와 통화

앞의 경우는 가장 임차인을 활용해 명도 문제로 연결하지만, 이 경우에는 임차인이 배당을 받아가면 받아간 금액만큼 낙찰자가 부담해야 하는 금액이 늘어난다. 따라서 적극적으로 배당에서 제외해야 한다. 진짜 임차인(조성○, 임차보증금 3억 3,000만 원)과 (가장) 임차인이 세 들어 사는 것으로 배당요구가 되어 있는 경우다.

"조성○ 선생님 핸드폰인가요?"

"그런데 누구시죠?"

"안녕하세요. 이번에 선생님이 사는 아파트를 경매로 낙찰받은 사람입니다!"

"웬일로 전화를 하셨나요? 나는 배당만 받으면 되는데, 그리고 이사 갈 때 서류만 주면 될 텐데…."

"그 건으로 드릴 말씀이 좀 있어서요."

"글쎄, 저한테 하실 말이 있다고요?"

"아, 네. 그렇습니다!"

"글쎄요. 나는 할 말, 들을 말 없는데, 말씀해보세요."

"선생님 말고 두 사람이 더 세 들어 살고 있다고 배당요구 했는데, 알고 계시나 해서요."

"알고 있는데, 그게 어떻다는 말인가요?"

"그 사람들이 배당을 받으면 선생님한테 돌아가는 배당금액이 적어지는데, 그것도 알고 계세요?"

"알고 있는데, 내가 신경 쓸 일은 아닌데…, 그런데 왜 자꾸 그러시죠?"

"그렇게 되면 선생님한테 배당되는 돈이 적어진다니까요?"

"나도 잘 알고 있다니까, 그러시네!"

"그러면 상관없다는 말씀이세요?"

"나는 누구한테 받든 상관없습니다. 내 보증금 3억 3,000만 원 다 받을 때까지 이사 안 나가도 된다는 것도 잘 알고 있습니다!"

"?!?!?!?!?!?!?!?!?!?!?!?!?!?!?!?!?"

대항력 있는 선순위 세입자가 낙찰자를 코너로 몰고 있는 상황이다.

"낙찰자 선생님이 자기 입장만 생각하고 거는 이런 전화는 다시는 받고 싶지 않습니다."

"제 입장만을 생각해서 드리는 전화는 아닙니다!"

"내게는 그렇게밖에 안 들립니다!"

"세입자들이 진짜가 아닌 것 같은데요?"

"그거야 법원이 판단할 문제고, 채권자가 판단할 문제지, 나나 선생이 거론할 부분은 아닌 듯합니다."

"그래서 그냥 보고만 있으시겠다는 건가요?"

"나야 누가 받든, 얼마를 못 받든 상관할 일 아닙니다. 바쁘니 그만 통화하시죠!"

"저를 좀 도와주시면 안 될까요?"

"내 일만으로도 바쁩니다. 그만 끊습니다."

낙찰자의 바람과는 전혀 반대인 이런 상황도 얼마든지 가능하다. 가장 임차인으로 인해 자신에게 돌아오는 배당금이 적어지는 만큼 대항력을 이용해서 낙찰자에게 받아내겠다는 강경한 입장이다. 물론 그만큼 낙찰자의 부담은 추가된다. 경험상 이런 경우에는 보통 임차인은 낙찰자에게 협조하는 것이 대부분이다. 정상적이라면 자신의 임차보증금이 줄어든다는데 가만히 있을 사람이 어디 있겠는가. 더욱이 가장 임차인으로 인해서 자신의 임차보증금이 줄어든다는데, 그걸 받아들일 사람은 없다. 단언할 수 있다. 선순위 임차인이라는 지위를 악용해서 망한 집주인과 연계되어 있다.

분위기를 보면 바로 알 수 있다

임차인 자신이 가장 잘 아는 부분에서 거짓이 일어나고 있는데, 이를 묵인하는 것은 그들끼리 뭔가가 있는 것이다. 선순위 세입자라고 해서 못 받는 금액만큼 낙찰자에게 나중에 받게 된다는 것을 아는 사람이라고 하자. 그렇다고 하더라도 배당에 참여해서 받아가려고 하지, 나중에 낙찰자에게 추가로 받아가겠다는 경우는 드물다. 일반적인 경우가 아니다.

가장 임차인 박봉○ 씨와의 대화다.

"박봉○ 씨 핸드폰이세요?"

"네, 그렇습니다만!"

"안녕하세요. 선생님이 사신다는 아파트를 낙찰받은 조길○이라고 합니다!"

"아, 네. 낙찰자라는 말씀이시죠?"

"잠시 통화 좀 가능하세요?"

"네, 말씀하세요."

"기분 나쁘게 듣지 마시고요. 솔직하게 여쭤볼게요."

"무슨 말씀인데 그러세요? 해보세요."

"선생님! 진짜 임차인 맞으세요?"

"그게 무슨 말씀이세요? 그러면 내가 세입자가 아니라는 말이세요? 듣자 하니 기분 나쁘네요!"

"그 집에는 조성○ 씨네만 살고 있잖아요?"

"똑바로 잘 알고 말씀하세요. 나도 세입자거든요!"

"최도○ 씨도 배당을 요구했던데, 세입자라고…."

"그거는 내가 알 바 아니고, 나는 하늘이 두 쪽이 나도 세입자입니다."

"최도○ 씨는 모르는 분이세요?"

"내가 대답해야 하는 문제인가요? 모르는 사람입니다!"

"어떻게 모든 게 똑같을 수 있나요? 우연치고는 심한 것 같지 않으세요?"

"무슨 말인지 잘 모르겠네, 뭐가 똑같다는 말인지!"

"그렇잖아요. 전입일자도 같지, 확정일자도 똑같이 받았지, 배당요구도 같은 날 했지, 누가 봐도 이상하다고 하지 않겠어요? 둘이서 손잡고 다녔다고 해도 하나도 이상하게 안 보일 판이잖아요? 나만 그렇게 생각하는 걸까요?"

"그런 소리 하지 마세요! 누가 손잡고 다녔다고 그러세요? 나도 법원에 배당요구 하러 갔다가 처음 알았습니다!"

"그러니까 끝까지 모르는 사람이라는 말씀이네요?"

"그렇다니까 그러시네요!"

"그건 그렇고 조성○ 씨 말로는 선생님이 집에 안 들어온다고 그러던데요. 본 적 없다고."

"지방으로 일하러 다녀서 자주 못 들어가는 것은 맞지만, 나는 그 양반 본 적 있는데 왜 그렇게 말했을까?"

"또 하나 말씀드릴 것은 배당을 받든 못 받든, 이삿짐은 미리 빼세요. 아셨죠!"

"염려하지 마세요. 배당받으면 바로 이사할 테니."

"그런데 짐은 어느 방에 있으세요?"

"그걸 왜 물으세요?"

묻는 사람도 답을 듣겠다고 묻는 건 아니다.

"어느 방인 줄 알아야 짐 없는 것 확인하고, 확인되어야 명도확인서를 줄 것 아닙니까?"

"확인해보고 말해드릴게요!"

가장 임차인이 적반하장격으로
나오는 경우

가장 임차인에게는 강하게 나가도 된다

"자기가 사는 방도 어떤 방인지 특정을 못 하세요?"

"그럴 수도 있는 거 아닙니까! 자꾸 사람을 의심하는 투로 말을 하세요. 기분 나쁘게!"

"기분 나쁘다고만 하지 말고 정황이 그렇지 않습니까?"

"무슨 말을 하는지 모르겠습니다. 술 먹고 들어가면 모를 수도 있지, 그런 걸로 사람을 의심하고 그래요?"

"배당금 나올 때 그 돈 찾으려면 제 서류가 필요하다는 것은 아시죠?"

"네, 아주 잘 알고 있습니다!"

"여하튼 일이 복잡해지지 않도록 하셔야 합니다."

"그게 무슨 말씀이세요?"

"경매 신청한 은행이 박봉○ 씨에 대해 배당 배제신청을 했다는 거 아시죠?"

"모르는데, 그게 무슨 말씀이세요?"

"진짜 임차인이 아니라고 배당에서 빼달라는 부탁을 법원에다가 했다는 말입니다."

"멀쩡한 임차인을 왜 자꾸 아니라고 못살게 구는지, 나 원 참!"

"누가 봐도 임차인이 아니라고 판단되어서 하는 말입니다!"

"임차인이라니까요!"

"알았습니다. 그만 끊겠습니다!"

이런 경우의 임차인은 가능하면 배당에서 제외되어야 한다. 이들이 배당을 받아가는 금액만큼 낙찰자의 부담은 증가하기 때문이다.

소액최우선 배당금 조정을 위한 3자 면담

"2008타경575*번 경매 배당이의조정 사건에서 오늘이 마지막 날이 되기를 바랍니다!"

"임차인들, 가압류권자, D은행 모두 다 나오셨죠?"

"먼저 임차인들이 말씀해보세요."

"저희는 저번에도 말씀드렸듯이 정당한 임차인입니다. 그래서 당초 배당표대로 1,600만 원을 다 주시기 바랍니다. 그래도 저희는 1,400만 원, 400만 원 손해 보는 거잖아요?"

"채권자도 그렇고, 함께 산다는 조성○ 씨도 그렇고, 다들 임차인이 아니라고들 하잖아요?"

"판사님! 한 달에 한두 번 들어간다고 세입자가 아니라는 법이 어디 있어요?"

"조성○ 씨는 한 번도 본 적이 없다고 증언했어요!"

"그 양반, 나이가 들어서 기억력이 오락가락해서 그럴 겁니다."

"이번에는 D은행이 말씀해보세요."

"저번에 말씀드렸던 것과 같습니다. 각각 임차인에게 배당된 1,600만 원을 취소하고, 안분 배당표 배당가능금액을 조정하셔서 배당표를 다시 짜 주시기 바랍니다!"

"임차인들이 이렇게 애원하니 D은행이 조금 양보하면 어떨까요?"

"그럴 수 없습니다. 오히려 가장 임차인들을 형사 처벌해달라고 부탁하고 싶은 심정입니다!"

"상황을 보면 저도 판단이 갑니다만, 세상살이가 어디 법대로 판례대로 딱 맞아떨어지나요. 조금씩 양보하면서 접점을 찾는 거죠!"

오늘날의 경매 담당판사님이 이런 이런 이야기를 한다고 하면 큰일 날 일이 되겠지만, 그 시절에는 대강 이런 소리를 해도 통했다.

가장 임차인은 형사 처벌도 가능하다

"임차인이라고 주장하는 두 사람을 사기미수, 사문서위조 및 행사, 경매 방해죄, 공무 집행 방해 등으로 처벌해주시면 안 될까요?"

"일을 확대시키지 않으시기를 바랍니다!"

"그러면 저희더러 얼마를 양보하라는 말씀이세요?"

"각각 절반씩 양보해서 조정했으면 하는 것이 재판부의 입장입니다."

"그러면 판사님 3:7로 하면 어떨까요? 저희는 내부규정을 어겨가면서까지 지금 양보하고 있습니다."

"그러지 마시고 5:5로 하는 것으로 양보해주세요."

"정 그러시면, 그렇게 하겠습니다."

채권자인 은행 담당자도 판사님의 간곡한 호소에 상당한 양보를 하고 있다. 그 시절에는 이 역시 가능했던 이야기다.

"감사합니다. 그리고 임차인들은 들으셨죠? 채권자는 5:5로 양보하겠답니다. 어떻게 하시겠어요?"

"5:5라면 1,600만 원의 절반인 800만 원만 주겠다는 말인가요?"

"그렇습니다."

"판사님, 저희는 그렇게는 못 하겠습니다. 당초대로 1,600만 원을 주시는 것으로 마무리해주시기 바랍니다!"

"그런가요? 알겠습니다. 그러면 D은행은 잠깐 나가 계세요. 부르면 그때 들어오세요!"

"네, 그러겠습니다."

"멀리 가지는 마세요!"

"네."

잠시 뒤, 안에서 판사가 부르는 소리가 들렸다. 어떻게 어르고 달래고 협박했는지 상상이 어렵지 않다.

"임차인들도 5:5에 동의하겠답니다. D은행도 동의하시는 거죠?"

"네, 알겠습니다!"

"배당표 원안은 취소하고 임차인들에게는 각 800만 원으로 조정하고, 나머지는 은행으로 배당하는 것으로 조정절차는 마무리하겠습니다."

그러나 이런 스토리는 이제는 옛날이야기다. 가장 임차인에 대해서는 법원도, 채권자도 강력하게 대처하는 것이 현실이다. 다만 낙찰자 입장에서는 부담이 늘어나지 않는 범위 내에서는 임차인이 배당에 조금이라도 참여하는 것이 유리하다. 명도로 연결시킬 수 있는 구실로 사용할 수 있기 때문이다.

더 받아간 채권자 상대로
부당이득금 반환 청구소송

현명한 경매 투자자라면 사실은 이 단계에 오기 전에 마무리를 했어야 한다. 이 단계는 낙찰자에게는 최악의 단계다. 잘못된 배당 때문에 대항력을 가진 선순위 임차인에게 물어준 인수금액이 늘어났다고 가정해보자. 낙찰자는 먼저 물어주고 난 다음, 더 받아갔다고 판단되는 권리자들에게 '부당이득금 반환 청구소송'을 제기하는 것이 순서다.

배당이의에 관한 소송장 부분은 다른 책을 통해서 공부해주기 바라고, 여기서는 일단 배당이의신청에 따른 소송이 열리고 있는 상황만을 보도록 하자.

여러분은 경매 정보지를 보고 배당에서 누가 문제가 될 것인가를 사전에 예상해봐야 한다[16]. 배당이 정확하게 진행되지 않으면, 대항

---

16) **민사집행법 제151조**(배당표에 대한 이의) ① 기일에 출석한 채무자는 채권자의 채권 또는 그 채권

력을 가진 선순위 임차인에 대한 배당금액이 줄어들 수 있게 된다. 줄어든 배당금액만큼 인수금액이 증가한다는 것은 이미 알고 있다.

이 부분에 대한 언급이 이해되지 않는 독자분들은 경매 배당에 관해 공부를 더 해주기를 바란다. 그러고 나서 경매 투자를 시작해도 늦지 않다. 배당표 작성에 관한 상당한 지식은 꼭 필요하다. 경매 배당을 주관하는 담당판사를 상대로 잘못된 배당에 관해 이의를 제기하는 경우라고 보자. 추가 부담이 발생했을 때, 피해를 최소화는 방법을 살펴보자. 두 개의 배당표를 비교하면서 보면 된다.

잘못 작성된 1차 배당표							
순위	채권자	채권액	배당금액	배당 이유	잔액	추가배당	결 과
1	김길동	5,000만 원	2,000만 원	소액 임차인	3,000만 원	없음	잔액 명도
1	이길동	5,000만 원	2,000만 원	소액 임차인	3,000만 원	없음	잔액 명도
2	홍길동	1억 원	0원	확정 임차인	1억 원	없음	잔액 인수
3	B은행	1억 원	1억 원	저당권자	0원	전액 배당	
4	A은행	1억 원	5,000만 원	가압류자	5,000만 원	일부 배당	
5	C은행	1억 원	5,000만 원	가압류자	5,000만 원	배당 종료	

의 순위에 대하여 이의할 수 있다. ② 제1항의 규정에도 불구하고 채무자는 제149조제1항에 따라 법원에 배당표원안이 비치된 이후 배당기일이 끝날 때까지 채권자의 채권 또는 그 채권의 순위에 대하여 서면으로 이의할 수 있다. ③ 기일에 출석한 채권자는 자기의 이해에 관계되는 범위 안에서는 다른 채권자를 상대로 그의 채권 또는 그 채권의 순위에 대하여 이의할 수 있다.

이 법에서는 이렇게 규정하고 있지만, 정당한 배당대상자이면서 배당에 참여하지 못하거나, 잘못 작성된 배당표는 배당이 확정되어버리면 원상회복하는 데 상당한 시간과 비용이 발생할 뿐 아니라, 배당이의 소송이나 부당이득금 반환 청구소송을 통해 승소한다고 해도 채권을 확보할 수 없는 상황이 오는 경우도 허다하다. 구체적인 배당순위 및 배당금액은 배당표 작성이 완료된 후에나 알 수 있으며, 배당에 이의가 있을 때는 배당이의소송이나 부당이득금 반환의 소송을 통해 해결할 수밖에 없다.

다른 조건은 무시하고 배당가능금액이 2억 6,000만 원이라고 하자. 이 배당표는 잘못 작성된 비정상적인 배당표이고, 다음의 배당표가 정상적이라고 하자.

	본래 제대로 작성되었어야 할 정상적인 배당표						
순위	채권자	채권액	배당금액	배당 이유	잔 액	추가 배당	결 과
1	김길동	5,000만 원	2,000만 원	소액 임차인	3,000만 원	없음	잔액 명도
1	이길동	5,000만 원	2,000만 원	소액 임차인	3,000만 원	없음	잔액 명도
2	홍길동	1억 원	1억 원	확정 임차인	0원	전액 배당	
3	B은행	1억 원	1억 원	저당권자	0원	전액 배당	
4	A은행	1억 원	1,000만 원	가압류자	9,000만 원	일부 배당	
5	C은행	1억 원	1,000만 원	가압류자	9,000만 원	배당 종료	

이 배당표가 정상적인 배당표다. 이를 바탕으로 다음의 차이표를 만들었다.

	양 배당표의 차이		
채권자	잘못된 배당표	옳은 배당표	결과
김길동	2,000만 원	2,000만 원	잔액 명도
이길동	2,000만 원	2,000만 원	잔액 명도
홍길동	0원	1억 원	전액 인수
B은행	1억 원	1억 원	배당 완료
A은행	5,000만 원	1,000만 원	잔액 명도
C은행	5,000만 원	1,000만 원	잔액 명도

배당내용이 달라지는 채권자는 박길동, 홍길동, A은행, C은행이다. 여기서 낙찰자가 유념해야 할 임차인은 홍길동이다. 즉, 홍길동

은 선순위 임차인이다. 잘못된 배당표로 배당이 확정되는 바람에 낙찰자는 홍길동에게 1억 원을 추가로 물어주고 난 다음, 잘못된 배당표를 원인으로 더 받아간 다른 권리자들을 상대로 부당이득금 반환청구소송을 제기하는 것이 순서다.

정상적인 배당표를 기준으로 한 배당이의[17] 절차

"경매 법원에서 배당해줬는데 뭐가 잘못되었다고 소송을 겁니까?"

"그거야 법원이 판단할 일 아닙니까."

"그래서 지금 우리보고 배낭받았던 금액을 토해내라는 말이요, 뭐요!"

"부당하게 취한 이득이니 돌려달라는 거죠!"

"뭐가 어째요? 뭘 부당하게 취했단 말이요! 우리가 판사를 협박이라도 해서 돈을 뜯어냈다는 말이야, 뭐야?"

"따지고 들어가면 여러 가지로 복잡해집니다!"

"뭐가 어째! 뭐가 복잡해진다는 말이요? 한번 들어나 봅시다!"

"사문서 위조, 동행사, 경매 방해죄, 공무집행 방해죄, 사기 등으

---

17) 배당요구해야 배당받는 권리자들

  1. 집행력 있는 정본만을 가진 채권자

  2. 민법, 상법 기타법률에 의해 우선변제청구권이 있는 채권자(주택임대차보호법에 의한 소액 임차인, 확정일자부 임차인, 근로기준법에 의한 임금채권자. 상법에 의한 고용관계로 인한 채권이 있는지 등)

  3. 경매개시결정기입등기일 이후에 가압류한 채권자

  4. 국세 등의 교부청구권자(국세 등 조세채권 이외의 국민의료법, 국민연금법, 산업재해보상보험법 등에 의한 보험료 기타 징수금)

로 심각해질 수도 있습니다!"

"이 양반이 지금 누구를 상대로 공갈을 치는 거야, 뭐야?"

"한번 잘 찾아보세요. 가짜 세입자가 전세계약서를 위조해서 법원에 배당을 요구했다가 형사법으로 입건되었다는 기사도 못 보셨나, 큰소리치실 일이 아닌데?"

"우리를 잡아넣겠다고 지금 공갈치는 거야, 뭐야."

"민사소송만 진행해주는 것을 감사하게 생각하세요."

"감사하라고? 나 참, 웃기고 있구먼!"

"어차피 임차인이 아니라는 거, 그동안 조사해서 법원에 다 갖다주었으니, 그때 봅시다!"

"뭐여! 우리 뒷조사도 했다는 말이야, 뭐야!"

"가족들하고 다른 데서 살고 있다는 거 확인했고, 채무자하고는 사업 파트너라는 것도 확보했으니 방어나 잘 하세요!"

"이 자식이! 보자 보자 하니까 더 살기 싫은 놈 같네!"

"말 함부로 하지 마세요. 후회할 일 생길지 모릅니다."

"경매해서 돈 몇 푼 벌었다고 눈에 뵈는 게 전혀 없구먼?"

"눈은 멀었는지 몰라도, 법은 안 어기고, 남에게 피해는 안 주고 삽니다. 계속 이러면 법이 뭔지 보여줄 수도 있습니다. 그때 가서 후회하지 말고 자중하세요."

"아주 이제는 훈계까지 하시네?"

"긴말하지 말고 재판장에서 봅시다!"

"열 번이라도 보자고! 나중에 보자는 놈치고 별 볼 일 있는 놈을 본 적 없었다니까!"

이런 재판에서 낙찰자가 불리할 일은 거의 없다. 그러나 문제는 승소했다고 해서 돈을 회수한다는 보장은 어디에도 없다. 다음에서 보게 되는 금융기관이나 세무서, 관공서 등이 부당이득을 누렸다면 이야기는 간단하다. 부당이득금 반환 청구소송의 재판을 통해 지급 명령결정을 받으면 부당이득금 부분의 회수가 가능하다. 그러나 개인을 상대로 한 부당이득금 반환 청구소송은 이야기가 달라진다. 소송에서 승소해서 추심 단계에 들어갔을 때, 채무자가 가진 것이 별로 없단다. 그야말로 허망하기 그지없다. 시쳇말로 '닭 쫓던 개 지붕 쳐다보는 꼴'이 되고 만다.

허망하기 이를 데 없다

"선생님, 이럴 수도 있네요!"

"그럼요! 그러니까 처음 배당장에서 확실하게 틀어막지 못하면 사실상 어렵다니까요."

"재판해서 승소하고 금액까지 다 확정되었는데 막상 받을 방법이 없는 이런 경우를 다 보네요?"

"그렇죠, 가진 게 없다고 발 빼면 어쩔 수 없잖아요. 추심이라는 것이 대강 그런 식으로 진행되는 거 아닌가 합니다."

"선생님, 무슨 방법이 없을까요?"

"솔직히 말씀드릴까요?"

"그렇게 해주세요."

"채무자가 직접 가지고 있는 본인 명의로 된 재산이 없으면, 추심하기 쉽지 않습니다!"

"다 뒤져봤는데 거의 빈털터리예요."

"그거야 서류상 재산이 그럴 테고!"

"맞아요! 그렇게 잘 먹고 잘사는 데 재산이라고는 중고자동차 한 대 그 사람 명의로 되어 있는 것이 없어요!"

"뻔하디 뻔한 이야기고, 보통 스토리죠!"

"무슨 뾰쪽한 방법이 없을까요?"

"조정금액이 얼마세요?"

"한 사람당 1,000만 원씩 해서, 두 사람이니 2,000만 원으로 확정되었습니다!"

"낙찰받아서 손해는 안 보셨죠?"

"큰 이익은 못 보았지만, 손해는 안 보았습니다!"

"2,000만 원 이상은 남을 것 같으세요?"

"그거야 그렇죠!"

"그러면 좋은 공부하신 셈 치고, 포기하세요!"

"그러게 말입니다. 이럴 줄 알았으면 재판이라도 하지 말걸, 괜히 비용에 시간만 날렸습니다!"

그러나 그것도 공부다.

A은행과 C은행에 배당된 부분에 대한 이의

"그래도 A은행하고 C은행에 대해서는 희망이 있습니다!"

"희망이 있는 것이 아니고, 승소하시면 그동안 법정이자까지 받을 수 있습니다!"

"그러게요. 그런데 문제는 따로 있는 것 같아요."

"혹시 저쪽에서 변호사를 선임했나요?"

"어떻게 그렇게 단번에 아세요!"

"뻔한 이야기죠."

"일단 속 편하게 생각하시고 소송을 준비하세요!"

"그런데 생각보다 변호사 선임료를 많이 달라고 하는 것 같아요."

"소송가액이 얼마세요?"

"소송가액이라니 무슨 말씀이세요?"

"은행 두 곳에다 돌려달라고 청구한 금액이 얼마인가를 묻는 겁니다!"

"4,000만 원씩이니까 합해서 8,000만 원입니다!"

"어떻게 그렇게 되나요?"

"정상적으로 받았으면 1,000만 원이 정상인데, 5,000만 원씩 받았거든요. 여기 배당표를 보시면 이해가 될 것입니다."

"소송가액이 8,000만 원이면, 법원에서도 변호사 선임하라고 그럴 것 같은데요."

"그렇더라고요. 일단 여기저기 도움으로 소장은 접수했는데, 잘했나 모르겠어요. 아니면 변호사를 선임해야 할지도 고민이고요."

"끝까지 나 홀로 소송을 하시겠어요. 아니면 도중에라도 변호사 선임하시겠어요!"

"가능하면 혼자 해보려고요. 얼마를 받을 수 있을지도 모르잖아요. 민사소송이라는 것이 청구한다고 다 받아들여진다는 보장도 없고요!"

"방법은 두 가지가 있어요!"

"말씀해주세요."

"하나는 지금처럼 소송가액을 8,000만 원으로 해서 변호사를 선임하는 방법이고, 두 번째는 일단 소송을 취하하신 다음에 두 은행을 상대로 각각 4,000만 원씩 따로따로 소송을 진행하는 겁니다."

"그러니까 소송을 분리해서 소송가액을 낮추라는 말씀이네요?"

"그렇죠. 일단 방법론은 그래요. 그렇다고 해서 반드시 바람직한 결론이 양쪽 모두에서 나온다고 보기는 또 어렵습니다!"

"무슨 말인지 알 것 같아요. 고민 한번 해볼게요."

"금융기관은 일단 승소해서 청구금액만 확정되면 회수하는 데는 큰 문제는 없습니다!"

"개인을 상대로 소송을 할 때와는 일장일단이 있네요?"

"세상일이 대강 그렇잖아요!"

"만약에 최종적으로 승소했다면, 다음은 어떻게 하면 되나요?"

"결정문을 가지고 가거나 송달해서 청구하면 별일 없이 돌려줍니다."

"시간하고 비용이 많이 들겠네요?"

"그렇지요. 그리고 원하는 결과를 다 얻어내기가 쉽지 않다는 것만 미리 알고 소송을 시작하시면 됩니다."

"다른 공공기관도 마찬가지겠죠?"

"그렇다고 보시면 됩니다. 공신력 있는 기관에서는 법원의 확정 판결문을 가져가면 주지 않을 이유가 없는 거죠. 심하게 말해서 자기들 돈도 아니니까요."

"잘 알겠습니다!"

"공부하신다 생각하고 마음 편하게 가지시고 수고하세요!"

에필로그

위험한 경매 시리즈를 마감하면서

2010년에 첫 발간한 필자의 책《위험한 경매》시리즈의 대단원을 정리하는 이 책《위험한 경매 탈출하기》는 '위험한 경매' 시리즈답게 어설프게 부동산 경매 투자판에 뛰어들었다가 회복하기 어려운 피해를 볼 처지에 빠진 사람들에게 보내는 처방전이다.

2010년에《위험한 경매 - 경매 박사 우형달 외에는 아무도 알려 주지 않는 불편한 진실》이 세상에 나왔을 때, 대한민국 경매 서적 판에는 말 그대로 난리가 났었다. 독자 여러분들의 성원에 힘입어 '위험한 경매' 시리즈는 무려 12년 만에 이 책을 마지막으로 완성을 달성하게 되었다.

부동산 경매 투자 관련해서 몇 권의 책을 읽거나 투자 모임에 가서 "그저 벌었다!"라는 강사나 주변 사람들의 말에 혹해서 "나도 충분히 할 수 있다!"라는 근거 없는 자신감으로 험하디 험한 부동산 경매 투자를 시작했다가 회복할 수 없는 피해를 보게 되어 짧게는 1~2년, 좀 길다고 해도 3~4년 만에 경매 판을 떠나는 많은 병아리 경매 투자자를 보면서 쓰기로 결심했던 책이 '위험한 경매' 시리즈였고, 필자의 충정을 알아주신 독자 여러분들의 성원과 사랑에 무려 12년이 걸려서 시리즈의 마지막 책을 완성하게 되었다.

돌이켜보면 필자는 참으로 복이 많은 사람이다. 다른 투자판을 잘 모르겠지만, 부동산 경매 투자판만큼 병아리 투자자는 말할 것도 없고, 소위 전문가들이라는 사람들의 물갈이가 빠른 시장도 드물 것이다. 불과 몇 년 전에 여러분들에게 '경매 투자'의 아름다움을 이야기했던 수많은 전문가들이 지금 어디서 무엇을 하고 있는지 찾아보시면, 놀라시게 될 것이다. 아마도 10명 중 8~9명은 부동산 경매 투자와는 아무런 상관이 없는 일에 종사하고 있을 것이다. 필자가 복이 많다고 말하는 근거가 바로 여기에 있다. 1996년에 처음 낙찰받아 보고, 본격적으로 전업으로 경매 투자를 시작한 것이 1998년이었으니, 거의 30년을 채워가고 있다. 그러는 동안 참 많은 경험과 투자를 했다.

앞으로는 지금까지 여러분들로부터 받은 사랑과 성원에 보답하는 사람으로 살겠다는 약속을 드리겠다. 현재 필자가 운영 중인 유튜브 경매 방송인 '우 박사 부동산 경매 TV'를 통해서 그동안 필자가 경험한 수많은 투자 경험과 함께 기본적인 경매 공부와 물건 선정에 관한 노하우 등을 아낌없이 전달하겠다.

구체적으로는 경매 공부의 입문에 해당하는 기본적인 권리분석 방법, 물건 선정 방법, 경매 입찰가격 정하는 방법, 부동산 시장을 전망해서 투자 포인트를 잡는 방법, 배당표 작성 방법과 함께, 유튜브 스트리밍 방송을 통해서 현재 진행 중인 경매 물건을 통해서 독자 여러분들의 투자 감각과 수익률 분석, 해당 물건에서 주의해야 할 사항들을 파악해드릴 생각이다. 아울러 지금까지와는 다르게 극소수 인원만의 오프라인 '경매 강좌'를 통해서 필자가 거의 30여 년 동안 경매 판에서 체득한 실전과 경험을 전달하겠다.

시작한 지 12년 만에 '위험한 경매' 책 시리즈의 대장정을 마무리하면서 문득 뒤를 돌아보니 눈에 잡히는 것이 있다. "투자란 무엇인가?" 하는 본질적인 질문이 그것이다. 누군가가 필자에게 "우박사님은 경매 투자를 통해서 정말로 벌었습니까?"라는 질문에 '주저 없이, 그리고 부풀림 없이 대답할 수 있는가'에 투자의 본질이 있다. 쉬운 이야기를 어렵게 돌려서 할 일이 아니다. 투자판의 본질은 수익률이 전부라는 생각이다. 되돌아보면 참 다양한 형태의 경매 투자를 했다.

단독 투자에서부터, 공동 투자로 낙찰받아 건축도 해봤고, 낙찰받은 부동산으로 임대사업도 해봤고, 단독주택, 다가구주택, 아파트,

원룸, 상가, 오피스텔, 사무실, 구리 교문동 병원 건물 낙찰, 오산 원동 웨딩홀 건물 낙찰, NPL 매입 후 낙찰, 지분투자, 경기도 임야 투자 등을 경험했다.

그중에서도 기억에 남는 투자는 오류동에 있는 '이-좋은 집'이라는 전용면적 12평짜리 소형 오피스텔에 한 번에 40개 응찰해서 13개를 낙찰받았던 투자 사례와 원룸이 53개였던 신림동 원룸과 2017년 가을에 입찰한 하루 입찰액이 180억 원이었던 서울 동서울터미널 인근에 있는 강변테크노마트 사무동 6개 층 투자 사례가 기억에 남는다. 참고로 구리 교문동 병원 건물, 오산 원동 웨딩홀 건물, 강변테크노마트 등의 경매 물건은 여전히 보유하면서 임대 중에 있다.

《위험한 경매》에서도 말씀드렸지만, 마지막으로 드리는 당부 말씀은 이제는 '평생직장' 그런 거 없다. 나 자신을 스스로 보호하지 못하면, 국가, 그리고 가족을 포함한 그 누구도 나를 지켜주지 않는 세상이 되었다. 1997년 말에 발생한 외환위기를 지나면서 평생직장이라는 신기루가 사라진 21세기에 여러분들에게 작은 희망의 등불이 되고 싶은 마음으로 12년 전에 시작했던 '위험한 경매' 시리즈를 마감할 수 있는 필자는 더없이 행복한 사람이다.

우형달

위험한 경매 탈출하기

제1판 1쇄 | 2022년 3월 31일

지은이 | 우형달
펴낸이 | 유근석
펴낸곳 | 한국경제신문*i*
기획 · 제작 | ㈜두드림미디어
책임편집 | 최윤경, 배성분   디자인 | 노경녀 n1004n@hanmail.net

주소 | 서울특별시 중구 청파로 463
기획출판팀 | 02-333-3577
E-mail | dodreamedia@naver.com(원고 투고 및 출판 관련 문의)
등록 | 제 2-315(1967. 5. 15)

ISBN   978-89-475-4794-9 (03320)

한국경제신문 *i* 부동산 도서 목록

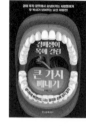

은퇴 후
월세 1,000만 원
받기

평범한 직장인, 2억 원으로
바닷가
게스트하우스
건축하기

5,000만 원으로 바닷가 토지 사고,
1억 5,000만 원으로 이주 만에 건축하는 법

나홀로 가는
부동산
투자 여행
베트남 편

'나홀로', '부부가 손잡고'
먼지 절반에서 상업계약되지

내 집 마련,
서울 대장 아파트에
답이 있다!

내 집 마련 초보들에게 알리는
부동산 공부 쉽게 시작하는 법!

월급쟁이,
부동산 경매로
벤츠 타다

부동산 경매에도 룰과 규칙이 있다
그것을 잘 이해할수록 이길 확률이 높아진다

펜션 사장님이 알려주 할 100가지 질문과 답
나는
펜션 창업으로
억대 연봉
사장이
되었다

펜션 사업 10년 경험을 책 한 권에 담다

부동산 중개,
이제
GIS 시대다!

GIS 프로그램의 활용으로
빅데이터 분석가이 거듭나라

엘렌
부동산

부동산 답이 보인다
돈 되는 빌라
제대로
따져보기

이제는 빌라다!!
아무도 알려주지 않았던 돈 되는 빌라의 비밀

수익형 부동산 투자 20년
고종옥 박사의
서바이벌 스토리
월세
부자

부동산 투자는 1등의 정의보다
1그룹의 실천이 중요하다

상가 형성
원리를 알면
부동산
투자가 보인다

잘되는 상가
돈 되는 맘은 따로 있다!

성공 투자를 위한 경매 Q&A
경매 투자에서
반드시 주의해야 할
86가지

경·공매, 지식이 쌓이면
블루오션이 보인다

한 권으로 끝내는
자동차
경매

이것이 진짜
농지 경매다

SOLD
OUT

강남 오피스텔 완판녀,
중개업 특급 전략

연봉만큼 더 버는
부동산 투자

호황에도 불황에도
부동산이 답이다!

부동산
투자자가
가장 알고 싶은
100가지

공인중개사들의 실무 필독서
공인중개사법
뽀개기

법을 제대로 알고
읽고 해석해보자

한 번 읽으면
돈 벌고,
두 번 읽으면
부동산 고수
되는 책

한 방으로 끝내는
부동산
소액 경매

세상에서 가장 쉬운 경매 이야기
나는 소액 투자로 월급을 샀다!